Sprachwelten Niederländisch

Geluk kun je niet plannen

Ineke de Bakker
Rheate Wormgoor

circon

Baierbrunner Straße 27, 81379 München
Ausgabe 2024
4. Auflage

Redaktion: Sigrid Oser
Fachkorrektur: Flora Ebbers, Thea Boegel
Produktion: Ute Hausleiter
Titelillustration: shutterstock.com/Alexandra
Gestaltung: red.sign GbR, Stuttgart
Umschlaggestaltung: red.sign GbR, Stuttgart

ISBN 978-3-8174-2547-1
381742547/4

Besuchen Sie uns auf Instagram und Facebook: circonverlag

www.circonverlag.de

Lesen und Lernen mit den Sprachwelten

So abwechslungsreich war **Niederländischlernen** noch nie! Die Sprachwelten kombinieren unterhaltsames Lesen mit dem bewährten didaktischen Konzept der Reihe Lernkrimi. Die vier Kurzgeschichten sind von **muttersprachlichen Autoren** verfasst und genau auf Ihr **Lernniveau** abgestimmt – perfekt für den Unterricht oder individuelles Lernen.

Wörter, die noch unbekannt sind, werden direkt auf der Seite übersetzt, so ist kein zusätzliches Nachschlagen erforderlich. Das **alphabetische Glossar** am Ende des Buches bietet eine Übersicht aller **Vokabeln** mit ihren Übersetzungen. Im **phase6-Vokabeltrainer** sind diese sogar vertont.

Jede Kurzgeschichte enthält abwechslungsreiche, auf den Text bezogene **Übungen** zu Wortschatz, Grammatik und Textverständnis, die zum aktiven Lernen motivieren. Überprüfen Sie Ihren Lernerfolg einfach im **Abschlusstest**. Im Anhang finden Sie alle **Lösungen**.

Ergänzend zu jeder Kurzgeschichte verweisen **Infokästen** auf sprachliche und landeskundliche Besonderheiten.

Inhalt

Terug in Utrecht

Rheate Wormgoor

Lieke und Liesbeth waren während ihres Studiums beste Freundinnen, haben sich kurz danach allerdings aus den Augen verloren. Nach mehreren Jahren treffen sie sich wieder in Utrecht. Sie genießen es, in Erinnerungen zu schwelgen und Neuigkeiten auszutauschen, bis sie merken, dass sich ihre beiden Lebensverläufe doch sehr stark voneinander unterscheiden ...

Lieke ist eine hart arbeitende, junge Frau und lebt mit ihrem deutschen Mann in Berlin. Sie haben keine Kinder. Lieke ist glücklich, auch wenn sie sich wünscht, an freien Abenden häufiger einmal etwas zu unternehmen.

Liesbeth war früher Liekes beste Freundin. Sie lebt weiterhin in Utrecht. Nach 15 Jahren sucht sie wieder den Kontakt zu Lieke.

Matthias ist der Mann von Lieke. Er ist Architekt.

Lieke ligt op de bank. Ze heeft de middag vrijgenomen. Vorige maand heeft ze veel **overuren** gemaakt. Nu bekijkt ze foto's van slaapkamers op haar telefoon. Ze wil hun slaapkamer nieuw inrichten. Ze heeft een **geweldig** bed gevonden, maar Matthias is het **er niet mee eens**. Hij vindt het te duur. Het bed kost iets meer dan[i] 2000 euro. Dat is wel veel geld, maar ze verdienen toch genoeg? Matthias is een **krent**, vindt Lieke. Hij wil ook niet **verhuizen**, **hoewel** ze gemakkelijk een groter appartement kunnen betalen. Ze hebben een woning met een kleine woonkamer en een slaapkamer. Als Lieke thuis werkt, zit ze aan de tafel in de woonkamer. 's Avonds kijkt Matthias vaak televisie op de bank. Daar stoort ze zich aan. Matthias vindt het onzin om alleen daarom meer geld aan de **huur** uit te geven.

overuren	Überstunden
geweldig	großartig
het ergens niet mee eens zijn	mit etw. nicht einverstanden sein
krent	*hier:* Geizhals
verhuizen	umziehen
hoewel	obwohl
huur	Miete
terwijl	während
lang geleden	lange her

Terwijl Lieke de foto's bekijkt en van een grotere woning droomt, krijgt ze een mail. Ze ziet de titel en de eerste regels.

Achtung! Das Wort **als** bedeutet auf Deutsch *wie* und das Wort **dan** bedeutet *als*!
Dit bed kost meer **dan** *dat bed.* = Dieses Bett kostet mehr *als* das (jenes) Bett.
Dit bed is net zo duur **als** *dat bed.* = Dieses Bett ist genau so teuer *wie* das (jenes) Bett.

Afzender: Liesbeth Bakker
Wie geht's?
Hallo Lieke! ***Lang geleden,*** *hè? Hoe is het? Ik zag deze foto en moest natuurlijk meteen aan je denken. Zo'n super gezellig reisje was...*

jaloers	eifersüchtig
verwaterd	*hier:* eingeschlafen
tweeling	Zwillinge
glimlachen	lächeln
taal	Sprache

Lieke opent het mailtje direct. Ze kent Liesbeth van vroeger. Ze hebben samen gestudeerd en waren beste vriendinnen. Daarna zijn ze elkaar uit het oog verloren. Liesbeth kreeg een vriend en Lieke was **jaloers**. Het contact is **verwaterd**.
Lieke bekijkt de foto die Liesbeth heeft gestuurd. Het is een foto van de vriendinnen voor de Neptunusfontein in Berlijn. Lieke en Liesbeth hebben dezelfde kleren aan en alletwee een zonnebril op. Ze lijken net een **tweeling**. "Lili" noemde men de twee vriendinnen vroeger. Ze waren altijd samen. Lieke **glimlacht**. Het was een geweldige reis, vanuit de studie georganiseerd.

Oefening 1: Vul in. Lesen Sie weiter und setzen Sie die angegebenen Wörter richtig ein!

cultuur | meisje | ~~samen~~ | ouders | vader

Lieke en Liesbeth hebben **1.** *samen* Duits gestudeerd. Ze kennen elkaar sinds het begin. Liesbeth heeft een Duitse (i) **2.** ____________. Hij overleed toen Liesbeth nog een klein **3.** ____________ was. Ze wilde de **taal** en de **4.** ____________ leren kennen. Lieke kende Duitsland van reizen met haar **5.** ____________. Ze wist na school niet wat ze wilde doen en begon aan de studie zonder er lang over na te denken.

spijt hebben van iets	etw. bereuen
opgelucht	erleichtert
vertellen	erzählen
blij	froh, glücklich
belangrijk	wichtig
ontwerp	Entwurf
opdracht	Auftrag
gebouw	Gebäude

Liesbeth wil Lieke zien, schrijft ze in haar mail. Lieke denkt vaak aan haar. Ze **heeft spijt** en schaamt zich dat ze jaloers was. Liesbeth is zo te zien niet boos. **Opgelucht** beantwoordt Lieke de mail.
„Hallo!“, klinkt het vanuit de gang. Matthias is thuis.
"Hoi!" Lieke kan niet wachten om haar man van het mailtje te **vertellen**. Ze is zo **blij**. "Hoe was het op je werk?"

Im Niederländischen werden Länder, Nationalitäten, Sprachen und alle Adjektive, die davon abgeleitet sind, großgeschrieben. Beispiel: die deutsche Sprache = **de Duitse taal**

Matthias geeft haar een kus. "Heel goed. Ik moet je veel vertellen." Matthias is een Duitser, maar met Lieke spreekt hij altijd Nederlands. Hij vindt het **belangrijk** om haar taal te kunnen spreken.
"Ik ook!" Lieke wordt nog enthousiaster. Matthias kijkt haar met een glimlach aan. "Jij mag eerst", voegt ze eraan toe.
"Oké. Ik heb Martin mijn **ontwerp** laten beoordelen. Hij vindt het heel goed. Ik mag het volgende week aan meneer Peters laten zien." Matthias is architect en werkt bij een groot architectenbureau. Zijn bureau heeft de **opdracht** voor nieuwe **gebouwen** in het stadscentrum gekregen. Matthias heeft een ontwerp voor één(i) van de

Wenn man im Niederländischen statt dem unbestimmten Artikel *een* (Deutsch: ein) das Zahlwort für "1" verwendet, schreibt man das mit zwei Akzenten: **één**. Beispiel: Fifi ist gestorben. Nun habe ich nur noch **eine** Katze. *Fifi is gestorven. Nu heb ik nog maar* ***één*** *kat.*

drie gebouwen gemaakt. Twee van zijn collega's hebben ook een gebouw ontworpen. Meneer Peters, zijn baas, beslist welk ontwerp aangenomen wordt.

wellicht	vielleicht, möglicherweise
al	schon
hogerop komen	(beruflich) aufsteigen
tekening	Zeichnung
nieuwtje	Neuigkeit

"Wat spannend. **Wellicht** is dit je kans!" Lieke is heel blij voor Matthias. Hij is heel ambitieus. Hij probeert **al** lang **hogerop** te **komen** en wordt steeds beter, maar zijn collega's zijn ook heel goed. Ook werken ze al langer bij het bureau.

"Ik hoop het echt", reageert Matthias.

"Heb je de **tekeningen** van Jan en Maria ook gezien?"

"Ja, die zijn heel goed. Ik wil natuurlijk graag dat hij mijn ontwerp kiest. Maar ik gun het Maria en Jan ook." Matthias is bevriend met zijn collega's. "Oh, ik heb nog meer te vertellen!"

"Wanneer mag ik dan?" Lieke kan niet meer stil zitten, zo nerveus is ze. Ze wil hem zo graag van Liesbeth vertellen.

"Wil je eerst?" Matthias lacht als hij Lieke ziet.

"Nee, vertel maar. Wat heb je nog voor **nieuwtje** [i]?"

"Jan wordt vader!"

"Wat geweldig! Zo snel!"

"Ja, hè? Het baby'tje wordt over een paar weken geboren. Ze kunnen het kindje dan direct ophalen. De biologische moeder woont ook in Berlijn. Ze hebben al kennisgemaakt."

"Echt geweldig. Ik ga ze

Niederländer verkleinern ihre Wörter gern. So sagt man eher "Lekker weertje, hè?" (Schönes Wetter, nicht wahr?), als "Lekker weer, hè?" und man trinkt eher ein **biertje** als ein **bier**. Das Adjektiv **klein** kann zusätzlich verwendet werden. So ist ein **klein huisje** wirklich klein und noch niedlich dazu.

vanavond direct **bellen**." Jan en Vincent zijn goede vrienden van Lieke en Matthias. Ze willen graag een kindje adopteren en een half jaar na de aanmelding is het al **gelukt**. Matthias en Lieke hebben ook geprobeerd om kinderen te krijgen, nog zonder resultaat. Vooral Matthias denkt daar veel aan. Hij wil laten **uitzoeken** waarom Lieke niet zwanger wordt. Hij wil ook adopteren. Maar Lieke wil dat niet en ze wil ook geen tests. Als het niet lukt, dan is het zo.

bellen	anrufen
lukken	klappen
uitzoeken	*hier:* untersuchen, nachgehen
onderbreken	unterbrechen
zomaar	nur so
verbaasd	überrascht

"En wat heb jij voor nieuws?", **onderbreekt** Matthias haar gedachten. Hij legt zijn hand op haar knie. Lieke glimlacht meteen als ze aan het mailtje denkt.
"Weet je nog wie Liesbeth is?"
"Hmm... " Matthias denkt na. "Is dat die vriendin uit Utrecht?"
"Ja!", roept Lieke enthousiast. "Ze heeft me gemaild."
"**Zomaar**?", vraagt Matthias **verbaasd**. "Jullie hebben toch helemaal geen contact meer?"

Utrecht ist mit gut 350.000 Einwohnern die viertgrößte Stadt der Niederlande. Sie befindet sich in der "Randstad", die Region mit den bedeutendsten niederländischen Städten und ist sehr zentral gelegen. Sehenswürdigkeiten in der Stadt sind die Domkathedrale, das Catharijneconvent und das Miffy (niederländisch: nijntje) Museum.

"Ze heeft een foto gevonden van ons in Berlijn, kijk." Lieke laat de foto op haar telefoon zien. "Ze zal wel verbaasd zijn als ik vertel dat we nu in Berlijn wonen."
"Wie van de twee ben jij?", lacht Matthias. "Jullie zien er precies hetzelfde uit!

vreemd	*hier:* komisch, merkwürdig
opgroeien	aufwachsen
leuk	toll
afspreken	*hier:* sich treffen
vieren	feiern
humeur	Laune
misschien	vielleicht
iets moois	etwas Schönes

Weet je zeker dat het niet je zusje is?"
"Links zit ik", zegt Lieke. Ze moet ook lachen. "Lili."
"Hmm?", vraagt Matthias.
"Ze noemden ons Lili. We waren altijd samen."
"En dan geen contact meer... **Vreemd** hoor!" Matthias spreekt nog regelmatig af met zijn vrienden van school. Hij is in Berlijn **opgegroeid** en zijn vrienden wonen allemaal in de buurt. De middelbare school van Matthias staat om de hoek. Hij komt nog steeds af en toe leerkrachten van vroeger tegen.
"Maar wat **leuk**! Gaan jullie **afspreken**?" Matthias gaat staan.
"Ja, dat stelt ze voor. Ik word al nerveus bij de gedachte. Maar het lijkt me erg leuk."
"Natuurlijk wordt dat leuk. Zullen we ergens wat gaan eten?" Matthias steekt zijn hand naar Lieke uit. Lieke kijkt verbaasd op. Zo'n voorstel komt normaal gesproken alleen van haar. Hij lacht. "Om het te **vieren**!"
"Nou, daar zeg ik natuurlijk geen nee tegen!"
In het restaurant bestelt Matthias een goede fles wijn. Lieke weet dat hij dat voor haar doet. Lieke vindt het heerlijk om met haar man uit eten te gaan. Ze is nog blijer dan ze al was. Matthias heeft ook een goed **humeur**. **Misschien** kan ze nu nog eens dat mooie bed ter discussie brengen.
"Ik heb nog een paar foto's bekeken voor onze slaapkamer. Ik heb **iets moois** gevonden. Wil je het zien?"
Matthias knikt. Lieke pakt haar telefoon en zoekt de foto op.

Oefening 2: Juist of onjuist? Welche Verbform ist richtig?

1. ❒ a) + Jij **heb** een nieuwtje.
   ❒ b) + Jij **hebt** een nieuwtje.
2. ❒ a) + **Hoop** jij het ook?
   ❒ b) + **Hoopt** jij het ook?
3. ❒ a) + Wat **vind** je van dit bed?
   ❒ b) + Wat **vindt** je van dit bed?
4. ❒ a) + Je **vind** het te duur.
   ❒ b) + Je **vindt** het te duur.

kastje	kleiner Schrank, Schränkchen
mompelen	murmeln

"Kijk, deze kamer is wel wat groter dan de onze." Ze laat de foto zien. "Maar zonder die stoel daar en met zo'n **kastje** past het wel, toch?" Lieke kijkt Matthias aan. "Wat vind (i) je ervan?"

Matthias glimlacht. "Je wilt dat bed echt graag, hè?" Hij wijst naar de foto, waar precies dat bed op staat.

> In der regelmäßigen Konjugation erhält das Verb in der 2. und 3. Person Singular (jij/je) ein "t" (z. B. ik loop, jij loopt). Wenn das Verb vor "jij" oder "je" steht, verliert es sein "t".

Lieke lacht schuldbewust. "Vind je het niet mooi?"

"We hebben toch geen bed van 2000 euro nodig?"

"Nee, nodig niet. Maar we kunnen het toch betalen?"

"Kom, Lieke, laten we niet weer over hetzelfde discussiëren."

"Ik dacht dat ik je nog wel kon overreden", **mompelt** ze.

“Is er niet een bed dat er op lijkt? Maar niet zo veel kost?”
“Laat maar. Ik wil er nu niet over praten.”
“Ben je nu boos?” Matthias lacht er een beetje bij. “Sorry.”
“Laten we het ergens anders over hebben.” Lieke pakt haar telefoon en wil hem in haar tas stoppen. Op dat moment krijgt ze een mailtje van Liesbeth.

vlucht	Flug

Afzender: Liesbeth Bakker
Re: Wie geht’s?
Ja, geweldig! Spreken we in Utrecht af? Kun je zaterdag? Liefs, Liesbeth.

“Ik ga even naar de wc”, zegt Matthias.
“Sorry, ik krijg net een mailtje van Liesbeth. Ik leg mijn telefoon al weg!”
“Ik moet echt naar de wc.” Matthias lacht en staat op.
Liesbeth glimlacht. Zaterdag al... Ze heeft Liesbeth nog niet verteld dat ze nu in Berlijn woont. Ze heeft zaterdag wel tijd, maar ze moet nog wel de reis naar Utrecht organiseren. Ze kijkt meteen of er zaterdag een **vlucht** naar Amsterdam gaat.
“Wil je nog een dessert?”, vraagt Matthias als hij gaat zitten.
“Liesbeth wil zaterdag al afspreken. In Utrecht. Ik zoek een vlucht. Het is wel erg duur, zo kort ervoor.”
“Waarom ga je niet met de trein? Dan kun je direct naar Utrecht en hoef je niet van Schiphol (i) nog te reizen.”
“Maar dan zit ik de hele dag in de trein.”
“Dat duurt denk ik 6 of 7 uur. Als je vroeg vertrekt

> Luchthaven **Schiphol** in Amsterdam ist der größte niederländische Flughafen und der drittgrößte Flughafen Europas (nach London Heathrow und Paris Charles de Gaulle).

kun je er rond de middag zijn. Op het vliegveld moet je ook lang wachten."

Oefening 3: Goed of fout? Welche Aussagen zur Geschichte sind korrekt? Kreuzen Sie an!

1. Liesbeth heeft Lieke een boze e-mail gestuurd. ☐

2. Matthias mag zijn ontwerp aan zijn baas laten zien. ☐

3. Matthias is in Berlijn opgegroeid. ☐

4. De vrouw van Jan is zwanger. ☐

5. Lieke stelt voor om uit eten te gaan. ☐

"Dat is waar. Ik ga kijken."
Matthias legt zijn hand op haar arm. "Kijk toch later."
"Je **hebt gelijk**. Ik kan gewoon niet wachten!"
"Dat **snap** ik." Matthias glimlacht. "Maar ik wil nog een dessert!"

gelijk hebben	recht haben
iets snappen	etw. verstehen, kapieren
horloge	Armbanduhr
honingraat	Honigwabe
zwaaien	winken

Het is zaterdagmiddag. Lieke zit op een bankje op het stationsplein in Utrecht. Ze kijkt op haar **horloge**. Liesbeth komt pas over 15 minuten. Lieke kijkt naar het dak boven het stationsplein. Het ziet eruit als een **honingraat**. Het dak is nieuw, net als het hele station in Utrecht. Lieke ziet dat nu voor het eerst.
"Lies!" Lieke springt op van het muurtje. Ze **zwaait** met haar handen door de lucht. "Liesbeth, hier!"

uitgelaten	ausgelassen
omhelzen	umarmen
zoen	Kuss
liegen	lügen
lappendeken	Flickendecke
ongemakkelijk	*hier:* unwohl, unbehaglich
netjes	*hier:* fein

Liesbeth draait zich om. "Hallo!" Ze komt snel naar Lieke toegelopen. "Eindelijk! Wat leuk, zeg. Zo lang geleden!" Liesbeth is **uitgelaten**. Ze **omhelst** Lieke en geeft haar dan drie **zoenen**ⓘ. "Hoeⓘ is het?"

"Goed. Heerlijk je weer te zien. Hoe lang is dat nu geleden?" Lieke bekijkt haar vriendin van vroeger eens goed. Ze heeft vreemde kleren aan. In ieder geval heel anders dan vroeger.

> ⓘ In den Niederlanden ist es üblich, sich mit drei Wangenküssen zu begrüßen.

"Toch zeker 15 jaar", antwoordt Liesbeth. "Wat vind je ervan?" Ze pakt de rok in haar handen. "Zelf gemaakt!"

"Mooi!", **liegt** Lieke. "Waar heb je die stoffen vandaan?" De rok lijkt net een **lappendeken**.

> ⓘ Zur Erinnerung: **Wie** bedeutet auf Deutsch *wer. Wie* dagegen übersetzt man mit **hoe**. *Hoe is het?* (Wie geht es dir?) *Weet je nog wie Liesbeth is?* (Weißt du noch, wer Liesbeth ist?)

"Ik heb veel stofjes van mijn oma gekregen. Ze is gestorven. Ze had nog veel stukjes stof over, daar kon ik wel wat mee!"

"Bijzonder!" Lieke voelt zich **ongemakkelijk**. Ze heeft een zijden bloes aan. Naast Liesbeth is ze veel te **netjes** gekleed.

"En ook van de stoffenmarktⓘ heb ik veel stofjes. Die markt is hier iedere week."

"Leuk!"

"Zullen we gaan? Door de

> ⓘ In vielen niederländischen Städten gibt es einen wöchentlichen Stoffmarkt, auf dem man die verschiedensten Stoffe in allen Preiskategorien ergattern kann.

stad wandelen?" Liesbeth wijst naar Hoog Catharijne, het winkelcentrum dat het station met de stad verbindt.

aarzelen	zögern
trek	Appetit
raar	merkwürdig, komisch
vlakbij	in der Nähe

"Ja", **aarzelt** Lieke. Ze kijkt op haar horloge. "Of ergens lunchen? Ik heb best **trek**."
"Ja, dat kan ook. Ik heb net gegeten, maar ik vind het prima."
Raar, denkt Lieke. Het plan was toch om te gaan lunchen?
"Welke cafés zijn er nog allemaal? Bestaat Café Domino nog?"
"Ja, ik geloof het wel."
Café Domino was het stamcafé van de vriendinnen toen ze nog in Utrecht studeerden. Het was **vlakbij** de faculteit. Ze lopen door de binnenstad.

Oefening 4: Kies synoniemen. Ordnen Sie die Begriffe mit gleichen Bedeutungen einander zu!

1. ☐ omhelzen	**a)** blij
2. ☐ uitgelaten	**b)** kus
3. ☐ zoen	**c)** honger
4. ☐ ongemakkelijk	**d)** omarmen
5. ☐ trek	**e)** vervelend

"Je woont nog in Utrecht, dus?", vraagt Lieke.
"Ja", lacht Liesbeth, "ik woon zelfs nog in hetzelfde huis."
"Wat?" Lieke moet ook lachen. "Maar op een andere

verdieping dan? Of is het geen **studentenhuis** meer?"
"Nee." Liesbeth aarzelt. "Ik heb de andere kamer er nu ook bij", zegt ze, "en de keuken en badkamer natuurlijk."
"Wat leuk. En hoe is het met Boris?" Lieke denkt niet dat Liesbeth nog met haar vriend van toen samen is, maar ze denkt er ineens aan.
"Ik zie hem iedere week", reageert Liesbeth.
"Oh, echt waar?", vraagt Lieke verbaasd.
"Mart woont bij hem. Bij mij is het te klein", zegt Liesbeth.
Lieke kijkt haar niet begrijpend aan. "Mijn zoon!"
"Oh", reageert Lieke verbaasd, "heb je een zoon?"
"Ja", lacht Liesbeth. "Twee zelfs!"
Lieke is sprakeloos. Wat er in 15 jaar tijd allemaal kan gebeuren. "Maar... wonen die alletwee bij Boris dan?", vraagt Lieke na een korte pauze.

verdieping	Stockwerk, Etage
studenten-huis	Wohngemein-schaft
gewoonte	Gewohnheit
gek	verrückt
de schouders ophalen	mit den Schultern zucken

"Nee, alleen Mart. Hij woont bij Boris. Hij is net 11 geworden. Boris en ik, dat was niks. We waren uit **gewoonte** bij elkaar. Ik werd **gek** van hem", legt Liesbeth uit. "Hij wilde huisje-boompje-beestje[i], weet je wel? Dat is toch niks voor mij."
"Niet?" Lieke denkt even na. "Je wilde toch vroeger ook trouwen en kinderen en zo?"
"Nou ja, die kinderen heb ik. Trouwen... Ik weet het niet. Ik ben leuker alleen." Liesbeth **haalt** haar **schouders op**.
"Dus je wilt ook geen man meer?"
"Een vaste relatie wil ik niet,

Den Ausdruck **huisje-boompje-beestje** (wörtl. „Haus-Baum-Tier") verwendet man für eine bürgerliche Lebensweise mit Haus, Garten, Kindern und evtl. Haustieren.

nee. Alleen maar lastig, als je het mij vraagt. Je wilt toch nooit hetzelfde?"

Lieke denkt na over haar relatie met Matthias. Ze zijn intussen bij Café Domino. Liesbeth opent de deur.

"Je hoeft toch niet altijd hetzelfde te willen? Ik vind het gewoon fijn om iemand bij me te hebben", reageert Lieke terwijl ze achter Liesbeth aan naar binnen loopt.

"En wie is er bij jou?", vraagt Liesbeth.

"Hij heet Matthias", zegt Lieke. "We wonen in Berlijn."

"Nee! Echt waar?" Liesbeth lacht. "Hoe zijn jullie daar gekomen?"

"We hebben elkaar in Amsterdam ontmoet. Hij was een weekendje weg met vrienden. Ik was ook uit, die avond. En... tja, toen hebben we afgesproken."

"En Berlijn?", vraagt Liesbeth nieuwsgierig.

"Matthias komt uit Berlijn. Een jaar lang kwam hij naar Amsterdam of ik naar Berlijn. Toen besloot ik te verhuizen."

"Goedemiddag! Hebben jullie al iets gevonden?", vraagt de ober, die ineens naast hun tafeltje staat.

Oefening 5: Vervoeg de werkwoorden. Ergänzen Sie die fehlenden Verbformen!

Infinitiv	Präsens	Präteritum
1. hebben	zij *heeft*	zij *had*
2. vragen	zij ______	zij ______
3. aarzelen	zij ______	zij ______
4. weten	zij ______	zij ______
5. zijn	zij ______	zij ______

"Sorry, ik heb nog helemaal niet gekeken", zegt Lieke en ze pakt de kaart.

"Een thee voor mij, alsjeblieft", zegt Liesbeth tegen de jongen. "Rooibos, als je dat hebt."

"Ja, hebben we. Dan kom ik zo nog een keertje terug?"

"Graag, dank je", reageert Lieke.

Uit het oog, uit het hart.	Aus den Augen, aus dem Sinn.
kip	Huhn
Er valt een stilte.	Es herrscht Schweigen.
excuses *pl*	Entschuldigung
stamelen	stammeln

"Je bent dus naar Amsterdam verhuisd na de studie... "

"Ja." Lieke wil zich zo graag verontschuldigen. Ze is verhuisd en heeft niks meer van zich laten horen. **Uit het oog, uit het hart**, zo lijkt het. "Ik... het... "

"Zo", zegt de ober terwijl hij het kopje voor Liesbeth neerzet, "een thee voor deze dame. Heb jij[i] inmiddels iets gevonden?" De jongen kijkt vragend naar Lieke.

"Ja, de salade met paprika en gegrilde **kip**, alsjeblieft", zegt Lieke terwijl ze de kaart weer tussen het potje zout en peper steekt. "En... een cappuccino", voegt ze er nog aan toe.

"Prima, komt eraan!" De jongen loopt weer naar de bar.

Er valt een stilte. Lieke weet niet hoe ze haar **excuses** weer op kan pakken.

"En je andere zoon? Waar is hij?"

"Flip woont ook bij zijn vader. Het is bij mij te klein en ik heb mijn rust nodig." Liesbeth glimlacht als ze Liekes gezicht ziet. "We zien elkaar ieder weekend. Dan gaan we samen iets leuks doen. Naar het bos, zwemmen, fietsen. Of voetballen in het park."

"Jullie allemaal samen? Je... je... ", **stamelt** Lieke.

"Mijn grote gelukkige familie", neemt Liesbeth het

In den Niederlanden duzt man sich wesentlich häufiger und schneller als in Deutschland.

over, “met de jongens, hun vaders, vaak met vriendin. Het is gezellig hoor.”
“Leuk, dat dat kan.”
“En jij? Heb jij kinderen?”, vraagt Liesbeth na een korte stilte.

getrouwd	verheiratet
vervelend	*hier:* bedauerlich
zin hebben om iets te doen	Lust haben, etw. zu tun

“Nee”, zegt Lieke. Ze beseft dat haar leven heel anders is dan het leven van Liesbeth.
“Willen jullie er geen? Of je man, of vriend... Zijn jullie eigenlijk **getrouwd**?”
“Man, ja. Nee, Matthias wil het heel graag. Ik ook wel, hoor. Maar ik heb niet zo’n sterke kinderwens als hij. Hij wil alles laten onderzoeken en misschien zelfs adopteren.” Lieke kijkt naar Liesbeth. “Het lukt niet”, voegt ze er aan toe als ze Liesbeths vragende blik ziet.
“Oh, wat **vervelend**”, reageert Liesbeth. “Het spijt me.”
De ober zet de salade en de koffie voor Lieke neer.
“Bedankt”, zegt Lieke.
“Eet smakelijk!”, reageert de ober.
“Eet smakelijk”, zegt Liesbeth met een glimlach.

Achtung, das niederländische **lekker** bedeutet etwas anderes als nur „lecker“ im Deutschen. Es wird von Niederländern gern und oft verwendet, um etwas Gutes, Erholsames oder Angenehmes anzudeuten. Man findet es z. B. bei “Lekker weer!” (Tolles Wetter!), “Slaap lekker!” (Schlaf gut!) oder auch “Die ligt er lekker in!”, wenn gerade ein schönes Tor beim Fußball gefallen ist. Hier kann man wirklich kreativ sein.

“**Heb** je nu **zin om** een stukje te gaan wandelen?”, vraagt Liesbeth als ze het café uitlopen.
“Ja, goed idee”, antwoordt Lieke. Ze kijkt naar de lucht. “Lekker[i] weer vandaag!”
“Waar overnacht je eigenlijk?”, vraagt Liesbeth.
“Ik heb een hotel geboekt”, zegt Lieke.

Oefening 6: Vertaling. Übersetzen Sie die Ausdrücke ins Niederländische!

1. Habt ihr schon etwas gefunden?

   Hebben jullie al iets gevonden?

2. Einen Tee für mich, bitte.

   ____

3. Vielen Dank!

   ____

4. Guten Appetit!

   ____

"Ik wist natuurlijk niet dat je helemaal vanuit Berlijn komt", zegt Liesbeth. "Leuk dat je zo spontaan tijd hebt!"

"Natuurlijk! Ik vind het enorm leuk je weer te zien!" Lieke slaat haar arm om Liesbeths schouder. "Zullen we nog iets leuks gaan doen vanavond? Een **ouderwets** avondje **stappen**?"

ouderwets	altmodisch, *hier:* wie früher
stappen	*hier:* ausgehen
kroeg	Kneipe, Bar
grapje	Witz

"Ja, daar heb ik wel zin in! Dat is echt lang geleden!"

"Oh, ja? Dus je bent niet meer in die **kroegen** van vroeger te vinden?", vraagt Lieke met een glimlach.

"Nee", antwoordt Liesbeth, "die tijden zijn wel een beetje voorbij. Bij jou niet? Wat doe jij eigenlijk in Berlijn?"

"Werken, eten, slapen", lacht Lieke. "Nee, **grapje**. Maar we werken wel veel, alletwee. We reizen graag, gaan vaak weekendjes weg. In oktober gaan we naar Dubai."

"Dubai?", vraagt Liesbeth verbaasd. "Op vakantie?"

"Nou ja, een beetje. Matthias is architect. Hij wil daar graag eens rondkijken. Ze bouwen daar bijzondere dingen."

"Klinkt interessant", reageert Liesbeth.

"Verder gaan we naar de film, wat drinken 's avonds, een hapje eten." Lieke weet niet waarom ze zo **overdrijft**. Ze wil graag vaker iets met haar man ondernemen, waarom vertelt ze dat niet gewoon? "Wat doe jij?"

"Oh, ik amuseer me prima, hoor", antwoordt Liesbeth.

"Ik bedoel je werk!" Lieke **grinnikt**.

"Oh, ja." Liesbeth lacht nerveus mee. "Dat even niet."

"Je werkt niet?", vraagt Lieke.

"Nee." Liesbeth is even stil. "Waar werk jij?"

"Ik ben HR Manager bij My Delicious Boxes".

"Wat ben je?"

"Human Resources Manager", verduidelijkt Lieke. Maar Liesbeth kijkt Lieke nog steeds vragend aan. "Ik doe het **personeelsbeleid**. Het betalen van loon, voeren van **sollicitatiegesprekken**, dat soort dingen."

overdrijven	übertreiben
grinniken	kichern
personeels beleid	Personal-verwaltung
sollicita-tiegesprek	Bewerbungs-gespräch
verse groenten	frisches Gemüse

"Ah! En wat is My Delicious Boxes?"

"Ken je dat niet? Dat is zo'n box met **verse groenten** en verder alles wat je nodig hebt om snel een maaltijd op tafel te zetten. Bestaat volgens mij ook in Nederland", legt Lieke uit.

"Oh, die onzin! Ja, daar heb ik wel eens van gehoord."

"Onzin?", vraagt Lieke verbaasd.

"Ja, je kunt toch wel die 100 meter naar de supermarkt lopen? Zo'n **verspilling** van geld en slecht voor het **milieu**!"
"Hmm, nou ja, onze koeriers rijden op groene brandstof."
"Nou, geweldig", reageert Liesbeth ironisch.

verspilling	Verschwendung
milieu	Umwelt
sfeer	Stimmung
kletsen	quatschen
grappig	witzig
de tranen biggelen	die Tränen laufen

"Het werk is in ieder geval leuk. Ik heb aardige collega's en het is niet ver van ons huis." Lieke probeert de grimmige **sfeer** te veranderen.
"Oké, dat klinkt goed", zegt Liesbeth. Zij wil het blijkbaar ook gezellig houden.
"Hé, de Grote Willem!" Lieke wijst naar een café.
"Een feest van herkenning", lacht Liesbeth.
"Zullen we een wijntje gaan drinken?", vraagt Lieke.
"Hmm", aarzelt Liesbeth, "ach, waarom ook niet!"

Lieke en Liesbeth zitten op het terras van de Grote Willem en drinken een glas wijn. Het onderwerp "werk" zijn ze alweer vergeten. Ze **kletsen** over vroeger. Lieke was vergeten hoe **grappig** Liesbeth is. Ze vertelt de ene anekdote na de andere en **de tranen biggelen** over hun wangen van het lachen. Ze zijn net een paar seconden stil als de telefoon van Lieke gaat.
"Het is Matthias. Hij wil waarschijnlijk weten hoe het met ons gaat. Ik bel straks w... "
"Nee, neem maar op hoor. Ik ga even naar het toilet", onderbreekt Liesbeth haar. Ze staat op en loopt het café in.
"Hé", zegt Lieke als ze opneemt. "Nee, die is even naar de wc gegaan. We drinken een wijntje." Lieke kijkt naar het plein-

tje en alle mensen die er rondlopen. Het is **lente** en best warm vandaag. "Ja, het is heel gezellig. We kletsen over vroeger. Hoe is het bij jou?" Lieke kijkt op. "Oh, daar komt Liesbeth weer! Ik ga ophangen. Ik bel je morgen als ik in de trein zit, oké?" Lieke glimlacht naar Liesbeth als ze gaat zitten. "Doe ik. Doei!"

lente	Frühling
ophangen	*hier:* auflegen
knipogen	zwinkern
bodempje	*hier:* Grundlage
bui	*hier:* Laune
traditie-getrouw	traditionell, traditionsgemäß

"Je krijgt de groetjes van Matthias", zegt ze tegen Liesbeth als ze haar telefoon in haar zak stopt.
"Dank je, alles goed in Berlijn?"
"Ik geloof het wel", zegt Lieke, "heb al **opgehangen** voor hij me dat kon vertellen." Ze moeten alletwee lachen.
Lieke kijkt op haar horloge.
"Het is al zeven uur! Heb jij dat gemerkt? Hoeveel wijntjes hebben we gedronken?", zegt ze uitgelaten tegen Liesbeth.
"Nou, jij zeker drie", antwoordt Liesbeth lachend.
"Drie?", zegt Lieke zo hard dat de andere mensen op het terras omkijken. "En jij?", fluistert ze nu.
"Ik heb even rustig aan gedaan", **knipoogt** ze naar Lieke.
"Nou, dan moeten we maar betalen."
Liesbeth pakt haar portemonnee. Lieke legt haar hand erop. "Laat maar hoor, deze is voor mij!" Lieke staat op en loopt naar binnen om te gaan betalen.
Lieke komt glimlachend terug uit het café en steekt haar hand door Liesbeths arm. "Zo, en nu? Hapje eten? **Bodempje** leggen?" Lieke proest van het lachen. "Sorry, hoor. Nu ben ik in mijn eentje in zo'n **bui**!"
"Je was me een beetje te snel met je wijn!" Liesbeth moet ook lachen. "Laten we maar **traditiegetrouw** naar de snack-

bar gaan, dan?" Liesbeth wijst in de richting van de snackbar waar ze vroeger ook altijd naartoe gingen. Al was het toen meestal een stuk later en was dan alleen de snackmuur[i] nog open.

stappen	*hier:* ausgehen
saai	langweilig
zeuren	nörgeln
verontwaardigd	empört
gezwets	Geschwätz

"Oh!", reageert Lieke blij. "Dat is een heel goed idee!"

Enige tijd later loopt Lieke in het volgende café naar de bar. „Wat is er met jou aan de hand?", zegt ze boos. Ze moet luid praten vanwege de muziek. "Jij wilde toch **stappen**?"
"Ja! Hoezo? Er is niks!"
"Doe dan eens gezellig. Drink wat, dans mee!", zegt Lieke. "**Saaie** muts", mompelt ze erachteraan.
"Wat zit jij te **zeuren**?", reageert Liesbeth. "Loop je alleen op alcohol, ofzo? Ik heb het prima naar mijn zin."
"Ja, hoor. Geloof je het zelf? Je zit alleen maar aan de bar. Waarom drink je niks? Waarom dans je niet?" Lieke wijst naar de dansvloer. "Wat ben jij veranderd, zeg."
"Nee, jij bent lekker jezelf", zegt Liesbeth terwijl ze naar Liekes kleren wijst.
"Wat is er met mijn blouse?", vraagt Lieke **verontwaardigd**.
"Kijk er zelf maar naar! Maar goed, het past prima bij dat **gezwets** van vandaag. Oh, mijn baan is zo leuk. Oh, ik heb zo'n geweldige relatie. We gaan iedere dag uit eten,

Ähnlich einem Automatenrestaurant ist eine **snackmuur** (Snackwand) ein Automat, der gegen Einwurf einer Münze frittierte Imbissprodukte wie etwa *kroketten* (Fleischkroketten), *frikandellen* (Bratrollen aus Hackfleisch) oder *kaassoufflés* (Teigtaschen mit geschmolzenem Käse) bietet, die hinter einer kleinen Glastür bereitliegen.

vijf keer per jaar op vakantie en hebben zo'n geweldige tijd met z'n twee, bla bla bla", doet Liesbeth haar vriendin met een raar stemmetje na. "Ja, je hebt het **geweldig voor elkaar**, Lieke", voegt ze er **nijdig** aan toe.
Lieke kijkt Liesbeth woedend aan. Ze wil iets zeggen, maar ze weet niet wat.
"Weet je, het is al goed. Ik ga naar huis. Het was een **vergissing**", zegt Liesbeth rustig. Ze pakt haar jas en draait zich nog een keer naar Lieke om. "Goede reis morgen."
Een vergissing?, denkt Lieke beledigd. Ze blijft verbaasd en boos achter. Ze snapt er niks van. Waarom is Liesbeth nu ineens zo **kwaad**? Heeft ze echt zo veel over zichzelf gepraat? Dat heeft ze helemaal niet gemerkt. En vooral niet dat Liesbeth dat **vervelend** vond. En ze vindt echt dat Liesbeth heel ongezellig was aan het eind. Liesbeth heeft in de bar niet één (i) drankje besteld. Het was net alsof ze er helemaal geen zin in had. En dan maakt ze ook nog zo'n opmerking over háár kleren. Heeft ze wel in de spiegel gekeken? Lieke **zucht**. Ze pakt haar jas en verlaat de bar.

geweldig	*hier:* großartig, fantastisch
iets voor elkaar hebben	*hier:* etw. geschafft haben
nijdig	wütend, giftig
vergissing	*hier:* Fehler
kwaad	wütend
vervelend	*hier:* unangenehm
zuchten	seufzen

Lieke wordt wakker van de zon. Het duurt een paar seconden voor ze herkent waar ze is. Ze is vergeten de gordijnen van de hotelkamer te sluiten. Ze zoekt haar telefoon. Het is 9 uur. Ze moet nu inpakken, want over een uur moet ze uitchecken. Ze

(i) Sollte man ein Wort betont (vor)lesen, so kann man die zu betonende Silbe mit einem Akzent bzw. Akzenten versehen.

ruzie	Streit
zich verheugen op	sich freuen auf
verpesten	verderben
bonken	schlagen
keel	Hals

denkt aan gisteravond en de **ruzie** met Liesbeth. Ze heeft een vervelend gevoel in haar buik. Ze had **zich** zo **op** deze dag **verheugd**. En nu is die door zo'n stomme ruzie **verpest**. Lieke heeft er spijt van. Ze pakt snel haar tas en besluit bij Liesbeth langs te gaan. Ze heeft nog even tijd voor de trein naar Berlijn vertrekt.

"Bakker/Wiersel", leest Lieke naast de bel. Ze belt aan. Haar hart **bonkt** in haar **keel**. Wat als Liesbeth haar helemaal niet wil zien? Ze hoort iemand achter de deur en dan gaat hij open. Een jongeman staat met slaperige ogen voor de deur. Lieke schrikt.
"Hoi, eh, sorry, ik... ", stamelt ze, "ik kom voor Liesbeth."
De jongen doet de deur verder open en laat Lieke binnen.
"Tweede deur rechts", zegt hij en hij wijst naar de deur aan het einde van de gang. "Kan wel zijn dat ze nog slaapt."
"Dank je", zegt Lieke. De jongen verdwijnt in een andere kamer. Lieke kijkt om zich heen. Overal liggen dingen. In de keuken staat nog afwas van gisteren. Het ziet er precies zo uit als vroeger. Ze loopt naar het einde van de gang en klopt op de deur.
"Liesbeth?", vraagt ze. De deur gaat open. Liesbeth schrikt.
"Lieke", zegt ze zacht, "wat doe jij nou hier?".
"Kunnen we praten? Het spijt me echt", zegt Lieke. "Sorry," zegt ze als ze Liesbeths verwarde gezicht ziet, "sliep je nog?".
Liesbeth laat Lieke haar slaapkamer in.
"Nee, ik was al wakker. Mij spijt het ook. Wil je wat drinken?"
"Thee, graag", antwoordt Lieke. Ze lopen naar de keuken.
"Is dat je vriend?", fluistert Lieke.

"Wie, Thomas?", vraagt Liesbeth terwijl ze naar de deur wijst, waar de jongen zojuist ingegaan is. Ze moet lachen. "Nee." Liesbeth is even stil. "Thomas is mijn **huisgenoot**." "Oh, oké", zegt Lieke een beetje verbaasd, "ik dacht dat je... " "Het is niet echt iets om trots op te zijn, hè?", onderbreekt Liesbeth. "Ik woon nog steeds in een studentenhuis. Ik kan een eigen woning niet betalen." Liesbeth schenkt heet water in de theekan. Ze lopen terug naar haar kamer.

huisgenoot	Mitbewohner
iem. geruststellen	jmd. beruhigen
afhankelijk van	abhängig von
boodschappen *pl*	Einkäufe
pret	Spaß
een goed woordje voor iem. doen	ein gutes Wort für jmd. einlegen

"Dat wist ik niet, Liesbeth", reageert Lieke geschrokken.
"Nee, hoe had je dat kunnen weten", **stelt** Liesbeth haar **gerust**, "ik heb toch niets gezegd?".
"Heb je daarom gisteren niets gedronken?", vraagt Lieke.
"Ik wilde niet dat je nog eens alles ging betalen. Het is echt vervelend om van anderen **afhankelijk** te zijn", reageert Liesbeth en ze gaat op de bank zitten.
"Dat maakt toch niet uit, ik had het graag betaald!" Lieke gaat naast Liesbeth zitten. "Hoe doe je dat, zonder werk?"
"Ik ga niet uit eten of ergens iets drinken. Huur en **boodschappen** betaal ik van gespaard geld. Maar het raakt op. Ik moet echt werk vinden. Ik krijg veel afwijzingen, omdat ik voor de meeste banen overgekwalificeerd ben."
"Waarom heb je niets gezegd?", vraagt Lieke.
"Jij vertelde over je leuke baan en alles wat jullie doen. Ik vond het moeilijk om over mijn problemen te beginnen. En het was ook zo gezellig. Ik wilde de **pret** niet bederven."
"Kan ik je helpen? Zal ik kijken of wij mensen nodig hebben? Ik kan **een goed woordje voor je doen**!", zegt Lieke.

kantoor	Büro, Geschäftsstelle
het contact verbreken	den Kontakt abbrechen
slim	klug, schlau, clever

"Dan moet ik naar Berlijn, dat kan niet vanwege de kinderen."
"Maar we hebben ook een **kantoor** in Amsterdam!"
"Dank je", zegt Liesbeth, "maar ik weet niet of dat iets... "
"Natuurlijk is dat iets voor jou! Ja, goed, dat milieu en zo..." Lieke glimlacht. "Maar nu is het toch belangrijk dat je geld verdient? Als je genoeg ervaring hebt, zoek je wat anders."
Liesbeth denkt na. "Ja, misschien heb je gelijk."
"Ik ga het morgen in onze meeting meteen vragen."
"Dank je wel, Lieke."
Ze zijn alletwee even stil.
"Ik wil je nog iets zeggen, Liesbeth."
"Wat?"
"Het spijt me dat ik het **contact verbroken** heb."
Liesbeth kijkt haar vragend aan.
"Ik ben verhuisd zonder iets te zeggen. Daar heb ik zo'n spijt van."
"Het is al goed. Zo lopen die dingen."
"Ik was jaloers", geeft Lieke toe. "Ik kon niet accepteren dat jij een vriend had en ik niet."
"Nou", lacht Liesbeth, "nu is er niet veel om jaloers op te zijn!"
"Ik ben niet meer jaloers. Maar niet omdat er geen reden voor zou zijn. Je bent zo'n sterke, lieve, **slimme** vrouw. Ik ben blij dat je mijn vriendin bent."
"Dan lijken we dus toch nog op elkaar", zegt Liesbeth tevreden en ze slaat haar arm om Liekes schouder.

Zonnetijd

Rheate Wormgoor

Judith ist im Moment nicht sehr glücklich. Sie ist unzufrieden mit ihrer Arbeit, einsam und leidet unter der Trennung ihrer Eltern. Ihre Freundin Amber merkt, dass es ihr schlecht geht. Mit Ambers Hilfe lernt Judith, was passiert, wenn nicht die Uhr, sondern die Sonne den Tagesrhythmus bestimmt.

Judith arbeitet viel und häufig bis spät in die Nacht. Ihre Arbeit ist wenig genugtuend und auch ihre Liebessuche blieb bislang erfolgslos.

Amber ist Judiths Freundin. Sie ist Künstlerin.

Ida ter Voort ist die Großmutter von Amber. Sie wohnt sehr abgelegen in einer ländlichen Umgebung.

Jacob arbeitet in einem kleinen Dorfladen.

Judith kijkt naar haar glas wijn. Halfleeg. Of halfvol? Ze drinkt eigenlijk nooit wijn.
"En jij [i]?"
"Hmm?" Judith kijkt op.
Hij **glimlacht**. De **bel**.
"Oh", lacht Judith gespeeld verlegen, "de tijd is om!"
"Jammer zeg", reageert hij.
Judith knikt. Hij staat op. Judith neemt een slok van haar wijn en **zucht**. Vandaag gaat het wel erg **stroef**, denkt ze.

glimlachen	lächeln
bel	Klingel
zuchten	seufzen
stroef	*hier:* zäh, schwerfällig
lekker	*hier:* angenehm, schön
zonnetje	Sonne
net	*hier:* genauso
gevat	schlagfertig
Maak je niet druk!	Mach dir keine Sorgen!
er niks aan vinden	es langweilig/ nicht gut finden
gewoon	*hier:* einfach

"Hey." Een man met zonnebril op steekt zijn hand uit. "Ik ben Mike." Hij gaat zitten.
"**Lekker zonnetje**, hè?", zegt Judith ironisch.
"Heb je een gezellige avond?", antwoordt Mike **net** zo **gevat**.
"Sorry", glimlacht Judith, "niet echt, nee."
"Je prins zat er nog niet bij?"
"Nee", zegt Judith, "maar ik ben ook niet zo in de stemming. Het ligt aan mij, niet aan jullie."
"Ja, dat zeggen ze allemaal!"
Mike lacht. "**Maak je niet druk**, komt wel weer. Ga toch naar huis, als je geen zin meer hebt. Ik ga ook, **vind er niks aan**."
"**Gewoon** weggaan, zeg je?"

[i] Das niederländische Äquivalent für **du** ist **jij**. Wenn man das Pronomen unbetont verwendet, kann man auch **je** sagen. **Je** ist übrigens die unbetonte Form des Pronomens in allen Fällen. Die „betonte" Übersetzung von sowohl **dir** als auch **dich** ist **jou**. Beispiele (das betonte Wort ist jeweils unterstrichen): Hoe heet <u>jij</u>? / Hoe <u>heet</u> je? Hoe gaat het met <u>jou</u>? / Hoe <u>gaat</u> het met je?

Judith kijkt om zich heen. Er staan tien kleine tafeltjes in de afgesloten ruimte van het restaurant. Aan iedere tafel zitten een man en een vrouw. Iedereen lijkt in gesprek.
“Waarom niet? Zulke gezichten helpen niemand verder.”
“Oké”, zegt Judith. Ze pakt haar tas. “Als jij ook gaat.”

al	schon
bedoeling	Absicht
opgelucht	erleichtert
mooi	schön
dumpen	*hier:* loswerden, abservieren
klik	*hier:* Verbindung
slot	Schloss
bedoelen	meinen

Ze lopen naar de tafel bij de deur. De vrouw van de organisatie staat met de ober te praten. Ze draait zich naar de twee om. “We gaan”, zegt Mike tegen haar.
“Oh, de liefde **al** gevonden?”, vraagt ze. “Eigenlijk is het niet de **bedoeling** dat jullie eerder...”
“Tja, maar ja, geen tijd te verliezen!”, onderbreekt Mike de vrouw en hij trekt Judith mee naar de uitgang.
Lachend gaan ze naar buiten.
“Dat ik daar niet eerder aan gedacht heb...”, zegt Judith **opgelucht** terwijl ze haar jas aantrekt.
“Wat doet zo’n **mooie** dame bij zo’n avond?”
Judith haalt haar schouders op.
“Geen idee. Ik praat graag met mensen, heb al een aantal keren iemand leren kennen.”
“En die **dump** je dan weer?”
Judith kijkt Mike aan. “Vaak een **klik**, nog geen **slot**.”
Mike lacht. “Wat **bedoel** je daarmee?”
“Nou ja, ik heb vaak gezellige avonden gehad met mannen

Ob Stadt oder Land: In den Niederlanden wird sehr viel Fahrrad gefahren. In den Städten ist das Rad oft das schnellste Transportmittel. Durchschnittlich besitzt jeder Einwohner der Niederlande 1,3 Fahrräder. Damit sind die Niederlande das einzige Land in der Welt, in dem es mehr Fahrräder als Einwohner gibt.

die ik bij het speeddaten heb leren kennen, maar er is nog nooit iets serieus uit ontstaan."
"Oké, en iets serieus betekent voor jou **opgesloten** zitten?"
"Nee", lacht Judith, "natuurlijk niet. Ik dacht eerder aan de **liefdesslotjes** in Parijs."
"Oh! Dat kan natuurlijk ook", reageert Mike.
"Ik maak maar een **grapje**."
"En wat gaan wij nu doen?"
"Ik weet niet wat jij gaat doen."
"Geen klik?", vraagt Mike hoopvol.
Judith glimlacht. "Sorry. Ik ben echt niet in de stemming."
"Oké, ik begrijp het." Mike geeft Judith een **vriendschappelijke** stoot tegen haar arm. "Fijne avond nog, dan", **knipoogt** hij.
"Hetzelfde", zegt Judith. Ze draait zich om naar haar fiets[i] en steekt haar sleutel in het slot.

opgesloten	eingesperrt
liefdes-slotjes *pl*	Liebesschlösser
grapje	Scherz, Witz
vriend-schappelijk	freundschaftlich
knipogen	zwinkern

Oefening 1: Zoek de fout. **In diesen Sätzen hat sich ein Fehler eingeschlichen. Entdecken Sie den Fehler und verbessern Sie ihn!**

1. Judith kijkt na haar glas wijn.

___

2. De tijd is omgegaan!

___

3. Judith kijkt zich heen.

___

Judith schrikt op van haar telefoon. Het is bijna middernacht. Ze is op de bank in slaap gevallen. De mail is van haar bazin. Het zal ook eens niet, denkt Judith. *Check, check, dubbelcheck, zsmajb* staat er als onderwerp. Dat “zsmajb” is een **rare** gewoonte van Carolien. “Zo snel mogelijk, alsjeblieft”, bedoelt ze daarmee. Toch stuurt ze zelden e-mails, die niet zo snel mogelijk afgehandeld moeten worden. Zo is “zsmajb” een soort groet geworden. Het is natuurlijk eigenlijk meer een **bevel** dan een vriendelijke vraag. Nu ze **klaarwakker** is, kan ze net zo goed nog dubbelchecken wat haar bazin gedubbelcheckt wil hebben. **Heeft** ze daar ook weer een **streepje voor**. Ze staat op van de bank en zet een kop koffie. Dan gaat ze aan haar **bureau** zitten en slaat haar laptop open. Ze heeft nog een mailtje gekregen. *Heb je een match? Geef snel de naam door!* van MeetYourDate. Ze selecteert het mailtje en **verwijdert** het direct. Dan begint ze met het document van Carolien.

raar	komisch, merkwürdig
bevel	Befehl
klaarwakker	hellwach
een streepje voor hebben bij iem.	*hier:* bei jmd. einen Stein im Brett haben
bureau	*hier:* Schreibtisch
verwijderen	löschen
berichtje	Nachricht
nieuwsgierig	neugierig
opgestoken duim	Daumen hoch

“Poeh”, zucht Judith hardop. Tien pagina’s heeft ze haar gestuurd. Ze krijgt een **berichtje**. Amber is **nieuwsgierig**.

Amber: *En? Hoe was het?*

Judith: *Niks. Morgen koffie?*

Amber: *Graag! Bij Boon? 11 uur?*

Judith stuurt een **opgestoken duim** terug. Ze klapt haar

laptop dicht. In die tien pagina's **heeft** ze nu toch geen **zin**. Ze staat op en loopt naar de badkamer.

zin hebben in	Lust haben auf
gast	*hier:* Kerl
aardig	nett
chagerijnig	grantig
verontwaardigd	empört
leuk	toll
schilderen	malen

"En toen kwam er een met zonnebril en zo'n *Hey*", knipoogt Judith naar Amber, "je weet wel. Zo'n coole **gast**, maar toch niet echt. Wel erg **aardig**, moet ik zeggen."
"En die nam je mee?"
"Nou ja, die zei: waarom ga je niet gewoon naar huis, als je er geen zin meer in hebt."
"Was je zo **chagerijnig**?", lacht Amber.
"Ja", lacht Judith, "het was wel erg geloof ik." Ze neemt een slok koffie. "Maar goed, weggaan was dus een goed idee."
"En toen?"
"Toen niks! Jij ook al?"
"Wat?" Amber houdt **verontwaardigd** haar handen omhoog.
"Hij vroeg me ook bijna mee naar huis."
"Nou ja, had toch gekund?"
"Met zo'n bril..."
"Jeetje, mevrouw Kritiek, wat maakt dat nou uit. Hij was toch aardig, zeg je?"
Judith zucht. "Ik had er gewoon geen zin in."
"Ja, het is goed hoor."
"Hoe was je cursus gisteren?"
"Goed! Het is echt zo **leuk**, kom toch eens mee!"
"Nee, nee, daar waag ik me echt niet aan."
"Ze kunnen allemaal niet **schilderen**, geloof me nou maar. Het is gewoon gezellig. Het zijn allemaal aardige mensen."

“En wat denken zij, als ik daar ineens binnenkom?”
“Wat denk je, dat ze denken?”
“Goed”, geeft Judith toe, “ik kom wel mee volgende week.”
“Ja!”, roept Amber. Ze klapt in haar handen. “Eindelijk!”
Judith kijkt op haar telefoon. “Sorry, ik moet weer verder”, zegt ze en geeft Amber een **briefje** van vijf en een kus op haar wang.
Amber wijst het briefje af. “Wat moet ik daar nu mee?”, lacht ze. “Tot snel!”

briefje	*hier:* Schein
binnenplaats	Hof
tuinhuis	Gartenhaus

Oefening 2: Voorzetsels. Ergänzen Sie die Ausdrücke mit der richtigen Präposition!

van   aan   ~~naar~~   aan   in

1. kijken *naar*
2. denken ____________
3. opschrikken ____________
4. zin hebben ____________
5. zich wagen ____________

Judith loopt door de **binnenplaats** naar het **tuinhuis**. Bij het Open Huis was ze er voor het laatst. Dat is zes maanden geleden. Toen ging Amber het tuinhuis bezichtigen. Ze was op zoek naar een atelier. Judith was erbij en meteen verliefd op het atelier. Ze maakten plannen om hier een paar dagen in de week te werken, Amber in het atelier en Judith met

haar laptop op **schoot**. En thee drinken in de rozentuin, zoals ze de binnenplaats **liefkozend** noemen. Een tuin is het niet, maar door de rozen toch heel idyllisch.
Judith ziet Amber al door de grote ramen. Ze **legt** materiaal **klaar**. Als ze Judith ziet lopen, gaat ze direct naar de deur.

schoot	Schoß
liefkozend	liebkosend
klaarleggen	bereitlegen
niet hoeven	nicht müssen, nicht brauchen
gescheurd	zerrissen
spijkerbroek	Jeans
verbaasd	überrascht
lastig	schwierig
drempel	Türschwelle
helemaal niet	gar nicht

"Hallo! Wat fijn dat je er bent!", roept Amber vrolijk. Ze omarmt Judith.
"Ik wist niet wat ik..."
"Je **hoeft niets** mee te nemen", onderbreekt Amber haar.
"... aan moest trekken, bedoel ik." Ze wijst naar haar **gescheurde spijkerbroek** en het overhemd [i] van haar vader. Dat heeft ze voor het schilderen van haar muren gebruikt.

Achtung, falscher Freund! Das niederländische **hemd** ist im Deutschen ein **Unterhemd**, ein deutsches **Hemd** im Niederländischen ein **overhemd**.

"Perfect", zegt Amber en ze steekt haar duim op. Ze loopt weer terug naar de grote tafel in het midden van het atelier. Judith staat nog bij de deur.
"Blijf je daar staan?", vraagt Amber **verbaasd**.
Judith haalt haar schouders op. Ze begrijpt zelf niet waarom dit zo **lastig** is. Wil ze niet naar binnen, omdat er vreemde mensen zijn? Dat kan ze zich niet voorstellen. Met speeddaten heeft ze geen probleem en ook voor haar werk heeft ze met onbekenden te maken. Toch lijkt de **drempel** een berg, waar ze **helemaal niet** overheen wil klimmen.

Oefening 3: Maak combinaties. **Welche der folgenden Satzteile gehören zusammen? Ordnen Sie zu!**

1. ☐	Judith loopt door de	**a)** atelier.
2. ☐	Judith schrikt op van haar	**b)** uitgang.
3. ☐	Ze kunnen allemaal niet	**c)** binnenplaats.
4. ☐	Amber was op zoek naar een	**d)** schilderen.
5. ☐	Mike trekt Judith mee naar de	**e)** telefoon.

"Ik weet het niet, ik ga toch maar weer", zegt Judith **hulpeloos**. Amber komt naar haar toe. Ze kijkt de ruimte in. De andere cursisten pakken hun materiaal.

"Ken je iemand hier?"

"Nee, dat is het niet."

"Wat is er dan? Je trilt helemaal!" Amber pakt Judith bij haar schouder en loopt met haar naar buiten. Amber is even stil voor ze verder praat. "Het is niet erg om iets te doen, wat je niet goed kunt."

"Ik kan er echt niks van", reageert Judith.

"**Nou, en**!"

"Een kind kan het beter." Judith wil echt niet naar binnen.

"Het wordt **vast** beter dan je denkt", probeert Amber haar **gerust te stellen**.

hulpeloos	hilflos
ϟ **nou, en**	na und
vast	*hier:* bestimmt, sicher(lich)
geruststellen	beruhigen
trillen	zittern

"Hoe weet je dat? Wat zullen die mensen wel niet denken?", vraagt Judith. Haar stem **trilt**.

"Die mensen denken niets. Die komen hier voor zichzelf."

negeren	ignorieren
schreeuwen	schreien
sussen	beruhigen
belangrijk	wichtig
excuses *pl*	Entschuldigung
bellen	anrufen

"Dat ik hier niets te zoeken heb! Wat ik wel niet denk, hier te komen schilderen, terwijl ik er niks van kan. Dat ik arrogant ben, dat denken ze!", **negeert** Judith Ambers woorden. Ze heeft de tranen in haar ogen.
"Judith", zegt Amber. Ze pakt haar bij haar armen. "Judith!"
Judith kijkt naar Amber.
"Gaat het wel goed met je?", vraagt Amber bezorgd.
"Ik kan niet schilderen!", **schreeuwt** Judith boos.
"Het is al goed, Judith", probeert Amber de situatie te **sussen**. Ze kijkt naar de cursisten, die inmiddels ook hebben gemerkt dat er iets is. "Zo **belangrijk** is het nu ook weer niet. Het is maar schilderen", zegt ze zacht.
Judith kijkt naar de grond. Ze wil haar **excuses** aanbieden, maar het gaat niet. Ze krijgt de woorden niet uit haar mond.
"Ga naar huis", raadt Amber Judith aan. "Ik **bel** je vanavond, oké?"
"Het... het s... sorry", stamelt Judith.

Oefening 4: Goed of fout? Welche Aussagen sind korrekt? Kreuzen Sie an und korrigieren Sie!

1. Judith heeft een date met Mike. ❒

2. Judith krijgt een mail van haar bazin. ❒

3. Judith en Amber drinken koffie in café Boon. ❒

4. Amber volgt een cursus schilderen. ❒

5. Judith schreeuwt tegen Amber. ❒

vreselijk	schrecklich
gebeuren	geschehen, passieren
tijdje	Weile
net	*hier:* gerade
weiland	Weide
koe	Kuh
aarzelen	zögern
grinniken	kichern
grappig	witzig

"Ga nu maar. Ik moet beginnen", zegt Amber en ze draait zich om.

Het is 20 uur. Judith ligt al in bed. Ze voelt zich **vreselijk**. Ze schaamt zich diep voor wat er bij het atelier van Amber is **gebeurd**. De tranen springen in haar ogen als ze eraan denkt. Ze heeft zichzelf en Amber in verlegenheid gebracht. Ze weet niet hoe ze Amber onder ogen kan komen. Ze kijkt al een **tijdje** naar haar telefoon. Ze probeert een berichtje voor Amber te formuleren, maar weet niet wat ze moet zeggen. **Net** als ze haar telefoon op haar nachtkastje wil leggen, krijgt ze een foto. Van Amber.
Een huis te midden van **weilanden**. De paardenbloemen[i] bloeien. Er grazen **koeien**. De zon gaat onder. Een mooie foto. Als Amber maar niet denkt dat ik dat ga schilderen, denkt Judith.
Haar telefoon gaat. Amber belt.
"Amber", begint Judith **aarzelend**, "hé, hoi."
"Hoi Judith. Hoe gaat het?"
"Het spijt me van vanmiddag, ik weet ook niet wat ik had."
"Je kan niet schilderen", **grinnikt** Amber.

> Der Name **paardenbloem** (Löwenzahn) geht anders als im Deutschen nicht auf das Aussehen der Blume, sondern auf ihre Fresser zurück. Pferde mögen die Blumen angeblich gern.

"Ja", antwoordt Judith treurig. Ze voelt de tranen in haar ogen branden.
"Sorry, Judith. Het is niet **grappig**. Sorry."
Judith zucht.
"Heb je de foto gezien?"

prachtig	wundervoll
plek	Ort
makkelijk	einfach
aangebrand	*hier:* gereizt
keuze	Wahl
geïrriteerd	verärgert

"Ja." Judith is even stil. "Waarom stuur je me die?"
"Mooi, hè? Daar woont mijn oma. Heel eenzaam, maar echt **prachtig**."
"Daar ben je dus iedere zomer? Dat heb je me nog nooit laten zien!"
"Nee, want dat is mijn geheime **plek**. Daar ben ik even weg van alles en iedereen."
"En waarom vertel je mij dat geheim dan nu?"
Amber aarzelt even. "Ik denk dat het niet zo goed met je gaat, Judith."
"Hoe bedoel je? Vanmiddag had ik gewoon even een slecht moment. Het is alweer over."
"Je gaat met tegenzin naar je werk."
"Jij hebt **makkelijk** praten, met je atelier en je rozen", reageert Judith **aangebrand**.
"En toch werk je te veel", negeert Amber Judiths opmerking.
"Ik heb geen **keuze**."
"Je bent ongelukkig in de liefde."
"Jij bent toch ook alleen?"
"Je ouders zijn net uit elkaar."
Judith zucht **geïrriteerd**[i]. "Het gaat prima met me, Amber."
"Spreek me toch niet steeds tegen. Ik bedoel het goed. Je bent mijn beste vriendin, Judith. Je bent belangrijk voor me. En ik zie dat het

> Um zu zeigen, dass zwei aufeinanderfolgende Vokale getrennt ausgesprochen werden sollen, verwendet man das **Trema** (doppelte Pünktchen auf dem zweiten Vokal). Weitere Wörter sind z. B. *poëzie*, *ruïne* oder *skiën*.

afspreken	*hier:* sich treffen, verabreden
luisteren	zuhören
rustig	ruhig
brok	Kloß
keel	Hals
lukken	gelingen

niet goed met je gaat, wat jij er ook van vindt. Ik heb een goed idee. Waar je beter van wordt. Als je het wil weten, hoor ik het wel."
Amber laat een stilte vallen.
"Niet, dus?"
"Amber, ik...", zucht Judith.
"Je hoeft me niet te redden. Het komt wel goed."
"Prima", reageert Amber.
"Ik ga nu slapen, zie ik je morgen?", vraagt Judith.
"Morgen?"
"Ja, misschien, voor een koffie?"
"Ik weet het niet, Judith", antwoordt Amber. "Ik heb veel te doen."
"Oké", zegt Judith. Amber wil niet **afspreken**, omdat Judith niet wil **luisteren**. Dat weet ze zeker.
"Ik bel je weer, goed? Als het **rustiger** is."
"Ja, goed", zegt Judith met een **brok** in haar **keel**. "Doei." Ze hangt op.

Judith kan niet slapen. Een uur geleden heeft ze haar laptop afgesloten. Ze heeft nog bergen werk, maar kan zich niet meer concentreren. Nu ligt ze in bed en staart naar de muur. Het is volle maan en het lijkt net of de lamp nog aan is. Ze denkt al de hele avond aan het gesprek met Amber. Ze heeft een slecht geweten. Natuurlijk heeft Amber gelijk. Judith voelt zich niet goed, al sinds een tijdje. Ze is goed in haar werk, maar vindt het vreselijk. Carolien denkt dat Judith een avondmens is en daarom haar mails altijd in de nacht beantwoordt. In werkelijkheid **lukt** het haar niet om alles overdag af te handelen.

Carolien is blij met Judith. Ze is snel, **secuur** en **betrouwbaar**. Haar bazin weet dat ze een "zsmajb"-mailtje ook echt zo snel mogelijk terugkrijgt. Maar Judith heeft altijd het gevoel dat ze **achter de feiten aanloopt**.

En haar ouders zijn na een **huwelijk** van 27 jaar uit elkaar. Als vrienden, gelukkig. Toch is Judith daar erg **verdrietig** over. Ze heeft geen broers of zussen, om het leed te delen. En dan haar eigen liefdesleven, tja. Eigenlijk is ze diep ongelukkig. Ze **ziet** iedere avond **op tegen** het thuiskomen. Bij iedere date lijkt een serieuze relatie verder uit het zicht te raken.

secuur	präzise, pünktlich
betrouwbaar	zuverlässig
achter de feiten aanlopen	den Ereignissen hinterherhinken
huwelijk	Ehe
verdrietig	traurig
opzien tegen iets	etw. mit Schrecken entgegensehen
zeuren	nörgeln
uit de kast komen	sich outen
worstelen	kämpfen
kloppen	stimmen, richtig sein

Maar daar kan ze toch niet over **zeuren**? Amber is een paar maanden geleden **uit de kast** gekomen. Na een lange relatie met een man heeft ze iedereen verteld, waar ze al jaren mee **worstelt**. Het was een verrassing voor iedereen. Judith heeft veel bewondering voor Amber. Het was zeker niet makkelijk voor haar. Toch staat ze altijd voor iedereen klaar. Het **klopt**. Ze heeft het beste met haar voor.

Judith besluit Amber een berichtje te sturen. Misschien moet ze toch maar naar haar idee luisteren.

Als Judith de volgende ochtend wakker wordt, heeft ze een berichtje van Amber teruggekregen.

Luister:
Zoals je weet ga ik iedere zomer naar mijn oma. Ze woont in de buurt van Hoenderloo, op de Veluwe[i]*. Ik ga daar iedere dag wandelen en kom soms echt niemand tegen. Het is pure ontspanning.*
Ik heb mijn oma al gevraagd of er een vriendin van mij mag komen. Ze zal ***zich*** *niet met je* ***bemoeien****. Het huis is groot. Je hebt de hele* ***bovenverdieping*** *voor jezelf.*
Wat vind je ervan? Twee weken rust? ***Wandelen****, nadenken, uitslapen...*

zich bemoeien	sich einmischen
bovenverdieping	oberes Stockwerk
wandelen	spazieren gehen
behulpzaam	behilflich
bazig	herrisch

Judith leest het bericht van Amber twee keer. De Veluwe... Daar was ze als kind wel eens, maar daar weet ze niet veel meer van. Het plan klinkt goed. Ze weet alleen niet of Carolien dat accepteert. Zomaar twee weken weg. Ze kan natuurlijk haar laptop meenemen, dan kan ze daar verder werken. Ze krijgt nog een bericht van Amber.

Denk je er al over na?
Je laat je laptop dan natuurlijk thuis. En je telefoon ook.

Judith glimlacht. **Behulpzaam**, maar ook een beetje **bazig**. Ja, dat is Amber. Ze staat op en trekt haar jas aan. Ze gaat naar Carolien om vrij te vragen. Terwijl ze de deur achter zich sluit, antwoordt ze Amber.

Die **Veluwe** ist ein großes Naturschutzgebiet im zentralen Osten der Niederlande. Neben Wäldern gibt es dort große Heideflächen, Dünen und Weideland.

Oefening 5: Ontkenning. Welche Verneinung passt in welchen Satz? Setzen Sie ein!

geen ~~nooit~~ niemand niet niets nee

1. Ze drinkt eigenlijk *nooit* wijn.
2. Daar waag ik me ________________ aan!
3. ________________, dat is het niet.
4. Je hoeft ________________ mee te nemen.
5. Ik had er gewoon ________________ zin in.
6. Ik kom soms echt ________________ tegen.

"En hier is de **wasruimte**. Goed voor je om te weten, aan je rugzak te zien." Mevrouw Ter Voort wijst naar Judiths kleine rugzak. Die heeft ze nog op haar rug.

wasruimte	Waschraum
geen enkel probleem	überhaupt kein Problem

"Ja", aarzelt Judith even, "Amber vertelde dat ik hier kan wassen, ik hoop dat dat..."
"Natuurlijk", reageert Ambers oma, "dat is **geen enkel probleem**". Ze draait zich om en loopt de waskamer uit. "Doe alsof je thuis bent. Je kunt gaan en komen wanneer je wilt. De deur is altijd open." Ze draait zich naar Judith om. "Van mij zul je geen last hebben."
"Bedankt", zegt Judith, "voor alles."
"Het is goed. Kijk eerst maar hoe het hier voor je is. Ik raad je aan om veel naar buiten te gaan. De herfst is een prachtig

seizoen op de Veluwe. Dieren[i] zie je het meest kort na zonsopgang." Mevrouw Ter Voort wijst naar een foto aan de muur. Er staat een **hert** op.

seizoen	Jahreszeit
hert	Hirsch
kwartier	Viertelstunde
wijzen	zeigen
buurtwinkel	Dorfladen
aardappel	Kartoffel
verbouwen	*hier:* anbauen
groenten *pl*	Gemüse

"Heeft u dat gefotografeerd?", vraagt Judith.

"Zeg maar jij, hoor", reageert mevrouw Ter Voort, "Ida heet ik. Ja, ik fotografeer graag. Heb je nog iets nodig?"

"Nee, bedankt. Of ja, misschien toch. Is er een supermarkt in de buurt?"

"De supermarkt is een **kwartier** rijden. Laat het me weten als je iets nodig hebt. Ik ga daar af en toe met de auto naartoe." Ida draait zich om en **wijst** in de andere richting. "En hier in het dorp zit een kleine **buurtwinkel**. Daar kun je de belangrijkste dingen krijgen. **Aardappels**, rijst, melk... Dat soort dingen. Dat is 20 minuten te voet. En voor het huis staat een appelboom. Ik **verbouw** ook een aantal **groenten** in de tuin. Bedien jezelf."

"Oké," glimlacht Judith, "dank u, eh... dank je wel, nogmaals. Ik ga maar eens uitpakken." Judith wijst naar boven.

Ida knikt en glimlacht. Judith loopt de trap op. Bovenaan de trap is een deur en daarachter de verdieping waar zij mag verblijven. Er is een kleine keuken, een badkamer en een slaapkamer en ook nog een grote woonkamer.

Die staatliche Forstverwaltung, *Staatsbosbeheer*, hat analog zur afrikanischen "Big Five" die **Nederlandse Grote Vijf** festgelegt - die fünf wildesten Tiere, die in der niederländischen Natur leben. Vier davon können auf der Veluwe gesichtet werden: der Rothirsch, das Reh, das Wildschwein und der Biber. Das fünfte Tier ist der Seehund.

Carolien **sputterde** eerst een beetje **tegen**. Maar toen stuurde ze haar meteen naar huis. "Het moest een keer gebeuren", had ze erbij gezegd. Judith legt haar kleren op de plank en een boek op het nachtkastje. De kamer is **eenvoudig**, maar **knus** ingericht.

tegen-sputteren	Widerstand leisten
eenvoudig	*hier:* schlicht
knus	gemütlich
verkennen	erkunden
gewoonte	Gewohnheit
jaszak	Jackentasche
bos	Wald
kleuren	färben

Oefening 6: Ontbrekende woorden. Lesen Sie weiter und ergänzen Sie die fehlenden Begriffe!

rugzak | warm | oktober | komende | weilanden | bladeren

Als ze haar **1.** ______________ heeft uitgepakt, trekt ze meteen haar schoenen en jas aan om de omgeving te **verkennen**. Uit **gewoonte** voelt ze in haar **jaszak** of ze haar telefoon en sleutels heeft. Dat zal ze de **2.** ______________ dagen nog wel vaker doen. Ze stapt de deur uit en kijkt over de **3.** ______________. Er zijn geen andere huizen te zien. In de verte staat een aantal koeien te grazen. Aan de rand van de weilanden begint het **bos**. Het is begin **4.** ______________. De bomen beginnen rood, oranje en bruin te **kleuren** en hun **5.** ______________ te verliezen. Het is prachtig herfstweer. De zon schijnt. Het is zo **6.** ______________, dat Judith haar jas opendoet.

Als het donker begint te worden keert Judith om. Ze heeft een goed richtingsgevoel en vindt de weg snel terug.
Judith heeft thuis alles uit haar **koelkast** gehaald en meegenomen. Voordat ze vertrok heeft ze nog geluncht. Terug in het huis maakt ze een **boterham** en een kop koffie. Ze gaat aan de tafel in de woonkamer zitten en kijkt uit het raam. Het is donker. Ze heeft geen idee hoe laat het is.
Echt moe is Judith nog niet. Ze besluit na het eten een warm bad te nemen.

De volgende morgen loopt Judith naar de buurtwinkel. Ze doet de deur open en stapt over de drempel naar binnen. Er klinkt een bel. Ze ziet niemand.
Links naast de deur staat een kassa. Daarachter liggen **kratten** met groenten en fruit. Rechts van de deur is een gangpad. Bij de kassa staan een paar **winkelmandjes**. Judith pakt er één en legt er een pak appelsap in. Achter de kassa pakt ze een paar aardappelen en **uien**.

koelkast	Kühlschrank
boterham	(Butter)brot
krat	Kiste
winkelmandje	Einkaufskorb
ui	Zwiebel

“Goedemorgen!”, klinkt het ineens achter haar.
Judith schrikt.
“Sorry, wilde je niet laten schrikken”, glimlacht de man. “Kan ik je helpen?”
“Ik schrik snel”, lacht Judith.
“Slecht geweten?”
“Eigenlijk niet. Of nou ja. Mag ik dit wel zelf pakken?” Judith houdt een aardappel omhoog.
“Hoe heet je?”
“Judith.”

logeren	übernachten
sarren	ärgern
hoek	Ecke

"Waar woon je?"
"Ik **logeer** bij de grootmoeder van een vriendin." Judith wijst in de richting van het huis. "Richting Hoenderloo."
"Wat doet je vader?"
Judith kijkt de man niet begrijpend aan.
"Sorry. Ik zit je te **sarren**. Natuurlijk mag je dat zelf pakken."
"Oké", glimlacht Judith. "Heb je ook melk?"
"Daar, in de koeling." De man wijst naar een koelkast in de **hoek** van de winkel.

Oefening 7: Vraagwoorden. Setzen Sie das richtige Fragewort ein!

hoe | waar | ~~wanneer~~ | wat | waarom

1. *Wanneer* kom je terug?
2. ________________ vertel je mij dat nu?
3. ________________ was je cursus gisteren?
4. ________________ woon je?
5. ________________ bedoel je daarmee?

"Wat doet jouw vader?", vraagt Judith.
"Niks meer. Hij heeft me deze winkel gegeven. Hij heeft die van zijn vader overgenomen." Hij leunt tegen de kassa. "Al sinds generaties zo, je weet hoe dat gaat."
"Niet echt", antwoordt Judith, "maar ik kan me er iets bij voorstellen." Ze pakt een pak melk en margarine uit de koeling. "Je bent dus iedere dag hier?"

gehecht zijn aan	hängen an
boodschappen *pl*	Einkäufe
vooroordelen *pl*	Vorurteile
ϟ **relatie-materiaal**	Beziehungs-material
volwassen	erwachsen

"Nee. Mijn moeder is eigenlijk meestal in de winkel. Ik doe meer de administratie, de inkoop, dat soort dingen. Al is er niet veel in te kopen."
"Dat wilde ik net vragen. Hoe loopt het?" Judith gaat naar de kassa. Ze pakt nog een zak drop[i] en legt die in haar winkelmand.
"Eigenlijk is het niet rendabel meer. Maar de mensen zijn eraan **gehecht**. En wij ook. We horen hier gewoon thuis."
Judith haalt haar **boodschappen** uit de mand.
"Jacob", zegt de man. "Voor als dat je volgende vraag was. En ik woon hierboven."
Judith glimlacht. "Hoi, Jacob."
"Nee, mijn ouders wonen hier niet meer." Jacob lacht. "Ik zag je wel denken. Heb je een tas bij je?"
"Ik heb geen **vooroordelen**, hoor!", reageert Judith. Ze doet haar tas open en stopt de boodschappen erin.
"Die heeft iedereen." Jacob geeft haar de melk. "En een man van mijn leeftijd, die nog bij zijn ouders woont..." Jacob lacht. "Niet echt **relatiemateriaal**, vind je wel?"
Judith haalt haar schouders op en glimlacht. "Misschien heb je gelijk, op het eerste gezicht klinkt dat niet zo... **volwassen**." Ze kijkt Jacob aan.
"Wat krijg je van me?"
"Hoe lang blijf je?"
"Twee weken."
"Ik schrijf het op. Je kunt betalen als je vertrekt."
Judith steekt haar hand op om zich te bedanken en loopt

Drop (Lakritz) wird in den Niederlanden oft und viel gegessen. Dabei gibt es viele verschiedene Geschmacksrichtungen, von süß bis salzig, mit mehr oder weniger Salmiak- oder Süßholzgeschmack, hart oder weich.

de winkel uit. Als ze buiten staat, keert ze direct weer om. "Weet jij toevallig hoe laat het is?", vraagt ze door de open deur. Jacob zit achter de kassa met zijn telefoon in zijn hand.

"Bijna kwart voor negen", antwoordt Jacob.

"Bedankt", glimlacht Judith, "ik heb geen tijd bij me."

Judith loopt weer naar buiten. Misschien hoort dat bij het ontspannen. Niet weten hoe laat het is. Naar bed gaan als je moe bent en opstaan als je wakker wordt.

dauw	Tau
zonsopkomst	Sonnenaufgang
ree	Reh
zelfs	sogar
vos	Fuchs
zich vervelen	sich langweilen

Judith kijkt naar de opkomende zon. Ze heeft een plastic zak meegenomen, zodat ze niet nat wordt van de **dauw**. Ze zit aan de rand van het bos en kijkt over het weiland. Het is de zesde keer dat ze voor **zonsopkomst** naar het bos is gelopen. Haar biologische klok werkt, ze wordt automatisch wakker. Iedere dag ziet ze dieren. Herten, **reeën**, wilde zwijnen. **Zelfs** een keer een **vos**. Morgen vertrekt Judith naar huis. De twee weken waren mooi, maar ook zwaar. Op dag drie had ze heimwee naar alles. Haar woning, Amber, haar telefoon en zelfs haar werk. Ze **verveelde zich** en voelde zich alleen. Na een paar dagen werd het beter. Thuis vergeten, daar gaat het om. Dus maakte ze een plan: naar bed na zonsondergang, opstaan bij zonsopkomst. Een lange wandeling maken. Iedere dag Ida in de tuin helpen, 's middags[i] naar het dorp voor boodschappen.

i **'s middags** ist die Abkürzung einer alten Genitivform. Diese Genitivformen gibt es sonst in der niederländischen Sprache fast nicht mehr. Weitere Beispiele: **'s morgens** | **'s middags** | **'s avonds** | **'s maandags** (Früher hieß es: des morgens, des middags, des avonds, des maandags.)

potlood	Bleistift
dagboek	Tagebuch
geritsel	Rascheln
grappen	scherzen
nu pas	jetzt erst
giechelen	kichern
gênant	peinlich
beleefdheid	Höflichkeit

Judith haalt een boekje en een **potlood** uit haar jaszak. *Dag 12. De zon is net boven de bomen, twee herten gezien.* schrijft ze op een nieuwe bladzijde. Ze houdt een **dagboek** bij. Ze schrijft op wat ze ziet, doet en denkt. Het boekje is bijna vol.
Judith hoort **geritsel** achter zich. Ze draait zich zo zacht mogelijk om, om geen dieren weg te jagen. Ze glimlacht.
"Hoi", fluistert Jacob. Hij gaat geruisloos naast haar zitten. Hij kijkt over haar arm in haar boekje.
"Hé!", maant Judith, "dat is privé!"
"Had je me niet sowieso van die herten verteld."
"Ja, daarom. Je bent veel te nieuwsgierig." Judith doet het boekje dicht en stopt het weer in haar zak.
Jacob kijkt voor zich uit, sluit zijn ogen en glimlacht. "Staat er ook iets over mij in?"
"Fluisteren mag ook niet."
"Stil dan!", **grapt** Jacob.
Judith zucht tevreden. Hier kan ze de hele dag wel blijven zitten. Natuurlijk staat er iets over Jacob in haar dagboek, denkt ze ondertussen.

Dag 2. Charmante man in buurtwinkeltje. Zat hij te flirten? Dit kan niet waar zijn, het is net een film!
Dag 5. Jacob vroeg waarom ik ***nu pas*** *weer kom. Hij is erg grappig. Ik kon niet stoppen met* ***giechelen*** *– heel* ***gênant****.*
Dag 6. Jacob is er niet vandaag. Moeder Marja is ook aardig. Uit ***beleefdheid*** *twee appels gekocht.*
Dag 7. Vandaag ***durf*** *ik niet naar de winkel. Marja weet natuur-*

lijk wie ik ben. In het dorp kent iedereen elkaar. En nu kent iedereen mij ook.
Dag 8. Stop, Judith! Vanaf nu moet ALLES anders! Geen mannen, niet daten. Nee. Natuur en rust, dat is wat ik nodig heb.
Dag 10. Ik moet echt boodschappen doen vandaag. Ik wil Ida niet vragen. Heb haar gisteren tijdens het **tuinieren** *over Jacob verteld. Ze glimlachte alleen maar.*
Dag 11. Jacob komt zo. Zegt dat hij nog nooit een hert heeft gezien. Natuurlijk **liegt** *hij.*

durven	sich trauen, wagen
tuinieren	im Garten arbeiten
liegen	lügen
paraplu	Regenschirm
met bakken uit de hemel	kübelweise
gek	verrückt
capuchon	Kapuze
herhalen	wiederholen

Judith haalt een **paraplu** uit de kast. De regen komt **met bakken uit de hemel**.
Ze loopt de straat uit. Aan de andere kant staat Amber al te wachten. Het stoplicht springt op groen.
"Je bent **gek** geworden op de Veluwe!", zegt Amber tegen Judith terwijl ze haar omarmt. Ze heeft de **capuchon** van haar regenjas dicht om haar gezicht gebonden. "Wandelen om 7 uur 's ochtends..."
"Tja, en soms regent het. Hoort erbij!"
"Ik ben hier voor jou, als je dat maar weet. En omdat ik heel erg nieuwsgierig ben natuurlijk." Amber kijkt Judith stralend aan. "Kom op, vertel! Hoe was het?"
"Ja, goed", antwoordt Judith.
"Goed", **herhaalt** Amber, "meer niet?"
"Heel goed. Het was een goed idee, Amber."
"Ik weet hoe ik me voel na een zomer bij mijn oma. En met jou ging het echt nog een stukje slechter!"

tegenkomen	begegnen
ergens omheen kunnen	um etwas herum-kommen
beloven	versprechen

"Jij kan er gewoon beter mee omgaan."
"Waarmee?"
"Problemen in het leven", zegt Judith.
"Ach, een klein pessimistje ben je wel, dat is waar."
"Maar nu niet meer! Nu ga ik iedere ochtend om 7 uur een stuk wandelen. Ik ben een ander mens."
"En er is Jacob."
Judith schrikt.
"Natuurlijk heb ik mijn oma al opgebeld. En Jacob." Amber lacht. "Jacob is een goede vriend. Ik ken hem van vroeger."
"Er is niets tussen ons gebeurd", reageert Judith.
"Maar je vindt hem leuk."
"Misschien."
"Hij vindt jou leuk."
"Dat weet ik niet."
"Ik zeg het je. Ik ken Jacob heel goed, Judith." Amber blijft staan. "Ik bedoel, de ware Jacob", droomt ze hardop.
Judith moet lachen.
Amber kijkt Judith serieus aan. "En ik ken jou, Judith. Ook heel goed. Jullie passen bij elkaar."
"Wist je dat dit ging gebeuren? Toen je mij naar je grootmoeder stuurde?"
"Ik hoopte het. Ik wist dat je hem zou **tegenkomen**, daar **kun** je bijna niet **omheen**." zegt Amber tegen Judith. "**Beloof** je me dat je hem belt?"
"Ik weet niet of hij..."
"Hij wacht erop", onderbreekt Amber.
Judith zucht en kan een lach niet onderdrukken.
"Zo hoor ik het graag", lacht Amber. "Kunnen we dan nu eindelijk koffie gaan drinken? Ik ben nog niet wakker!"

Geluk kun je niet plannen

Ineke de Bakker

Es ist ein ganz besonderer Tag für Merel: Das Schulprojekt, das sie koordiniert hat, findet statt und sie hat Geburtstag. Seit Monaten hat sie die Party bis ins kleinste Detail geplant. Doch plötzlich sagt ein Freund nach dem anderen in letzter Minute ab und auch der restliche Tag verläuft nicht nach Plan. Kann sie die Feier noch retten oder endet der Tag in einem traurigen Fiasko?

Merel arbeitet als Lehrerin an einer Grundschule in Amsterdam. Sie ist ein leidenschaftlicher Kontrollfreak und treibt alle damit in den Wahnsinn.

Marlies ist Merels beste Freundin und ihr komplettes Gegenteil: sie geht entspannt durchs Leben und lässt den Dingen ihren Lauf.

Rose und Rick sind die Kinder von Merels Bruder Joost. Nach der Schule geht Merel oft mit ihnen auf den Markt.

Vandaag is mijn dag, denkt Merel als ze wakker wordt. Míjn verjaardag. En ik **laat me** door iedereen **verwennen**. Ik ben altijd maar bezig met anderen, met Joost en de kinderen, en met Marlies, de collega's, Els. Nu **ben** ík **aan de beurt**.

zich laten verwennen	sich verwöhnen lassen
aan de beurt zijn	an der Reihe sein
boodschappen doen	einkaufen
oppassen	aufpassen
bezig zijn met iets	mit etw. beschäftigt sein
sturen	schicken

Merel is inderdaad een harde werker. Dat moet gezegd[i] worden. Ze werkt als lerares op een school. Maar dat is niet alles. Soms **doet** ze de **boodschappen** voor buurvrouw Els. Die heeft reuma en kan geen zware tassen dragen. En op woensdagmiddag **past** Merel **op** op de kinderen van haar broer Joost. Joost is gescheiden. Hij verdient zijn geld met pianolessen. Op woensdag heeft hij vier leerlingen. Dus dan brengt hij de kinderen, Rose en Rick, naar Merel. En als Merel eindelijk een vrije avond heeft, belt haar moeder: "Ik heb griep! Kun je misschien even langskomen?" Nooit rust, denkt Merel.

> Für die Bildung des Partizips ist der Stamm des Verbes Ausgangspunkt: endet der Verbstamm (ik-Form) auf **-s, -f, -t, -k, -t, -ch und -p**, wird das Partizip mit **ge** + **Stamm** + **t** gebildet: *Ik maak → ik heb gemaakt*. Eselsbrücke: Alle Konsonanten, die in SoFTKeTCHuP vorkommen. Wenn der letzte Konsonant des Verbs nicht in SoFTKeTCHuP ist, ergänzt man **-d**. Also: *Ik stuur → Merel heeft een e-mail gestuurd. Ik vraag → Merel heeft om een reactie gevraagd.*

Maar vandaag is haar verjaardag. En vanavond is haar feest. Dat moet een groot succes worden. Drie maanden **is** Merel al **bezig met** de organisatie. Dat begon met een e-mail. Die **stuurde** ze aan familie, vrienden en collega's:

*Hallo allemaal, op 15 oktober vier ik mijn verjaardag in Café De Reiger (Prinsengracht 501). Het feest begint om 20.00 uur. Stuur me een e-mail of **bel** me als je komt. E-mail: Merel@gmail.com. Mobiel: 06-98723412.*

bellen	anrufen
Maak je niet druk.	Mach dir keine Sorgen.
taart	Torte
En nu is het zover.	Und jetzt ist es soweit.

Eerst kwamen er geen reacties. Dus een maand later stuurde Merel de e-mail nog een keer. Boven de mail schreef ze: Herinnering!! En omdat niet alle mensen de mail beantwoordden, stuurde Merel één week later nog een mail. Nu schreef ze boven de mail: Laatste herinnering!!! Daarna belde ze haar vriendin Marlies: "Heb je mijn mail gekregen? Ik krijg bijna geen reacties. Jíj hebt ook niet gereageerd."
"Ach", antwoordde Marlies, "**maak je niet druk**. Je ziet wel wie er komt en wie niet." "Maar Marlies, ik móet weten hoeveel mensen er komen. Misschien heb ik niet genoeg **taart** of kroketten[i]. Of misschien heb ik te weinig champagne besteld." "Merel, maak je niet druk", herhaalde Marlies nog een keer. "Alles komt goed."
Dat was vier weken geleden. **En nu is het zover**. Vanavond is het feest en Merel weet nog niet hoeveel mensen er komen. Ze springt uit bed. Misschien zijn er nog nieuwe reacties. Ze opent de computer en leest haar mail. Een bericht van café De Reiger. *Hallo*

> Bei den niederländischen **Kroketten** (*vleeskroket*, oder nur *kroket*) handelt es sich nicht um Kartoffelkroketten wie in Deutschland, sondern um Fleischkroketten. Sie sind vor allem bei Feiern ein beliebter Imbiss. Die Füllung besteht aus einer Art Ragout. Die kleinere, runde Form heißt **Bitterballen** und wird als Snack auch gerne in Kneipen konsumiert.

Merel, je hebt bij ons gereserveerd. Hoeveel mensen verwacht je? Laat je het even weten? Zie je wel, denkt Merel. Moet ik dan nóg een mail sturen? Met **erboven**: Echt de allerlaatste herinnering!!

Oefening 1: Vertaling. Übersetzen Sie folgende Sätze!

1. Boven de mail schreef ze: Herinnering!

____

2. Misschien heb ik niet genoeg taart of kroketten.

____

3. Misschien heb ik te weinig champagne besteld.

____

4. Alles komt goed.

____

Dan opent ze het volgende bericht, van haar broer Joost: *Sorry Merel, ik kan niet komen vanavond. De poes is doodziek. Ik moet met haar naar de dierenarts. De kinderen komen wel.* En dan leest Merel het bericht van buurvrouw Els: *Ik ben plotseling erg verkouden. Ik moet thuisblijven. Sorry. Maar* **gefeliciteerd** *hoor.* En dan een bericht van Merels collega. En van een vriend. En van een vriendin. En van nog veel meer mensen. Ze kunnen allemaal niet komen op Merels feest. Sorry! Maar hartelijk gefeliciteerd!

erboven	darüber
gefeliciteerd	Glückwunsch

staren	(an)starren
takenlijst	Aufgabenliste
merkkleding	Marken-kleidung
eenvoudig	einfach
iem. gek maken	jmd. verrückt machen

Merel **staart** naar de computer. Ze vecht tegen haar tranen. Dan begint ze een e-mail te schrijven. 'HET FEEST GAAT NIET DOOR' typt ze erboven. Ze denkt diep na. Wat zal ze schrijven? Ik wil jullie nooit meer zien! Of: Dit is de laatste e-mail van mij! Maar dan hoort ze de telefoon. Directeur Hans van basisschool[i] De Zevensprong. "Merel, hoeveel vaders en moeders komen er helpen bij het project?"

"Kijk op de **takenlijst**, Hans!", roept Merel door de telefoon.

Snel doet ze de computer uit. Ze kijkt op de klok. 7.00 uur. Ze moet om 8.30 uur op school zijn. Vandaag begint haar project: 'Een dag zonder **merkkleding**'.

> **Basisschool** oder **basisonderwijs** nennt man die Grundschulausbildung der Kinder zwischen 4 und 12 Jahren. Niederländische Grundschulen umfassen acht Klassen, die als *groepen* (Gruppen) bezeichnet werden. Die Kinder gestalten dort verschiedenste Projekte, bei denen die Eltern als sog. *hulpouders* mithelfen.

Merel heeft dit project georganiseerd en dat was niet **eenvoudig**. In de vorige maand heeft ze de collega's minstens 30 e-mails gestuurd. "**We worden gek van jou,** Merel", schreef collega Marcel terug. Maar Merel vertrouwt het nog steeds niet. Ze hoopt dat de collega's en de hulpouders op tijd komen. En ze hoopt dat de collega's doen wat ze moeten doen. Ze moeten goed naar de takenlijst kijken, dat is alles. Maar ja, collega's en takenlijsten...

Oefening 2: Kleine verschillen Duits – Nederlands. **Übersetzen Sie die folgenden Wörter ins Niederländische und enträtseln Sie das Lösungswort! Tipp: alle Wörter kommen im obigen Absatz vor.**

1. schreiben ☐s c h r i j v e n

2. Torte _ _ _ _ ☐

3. Kollegen _ _ _ _ _ _ ☐' _

4. Glückwunsch _ _ _ _ _ _ _ _ _ _ _ ☐ _

5. vertrauen _ ☐ _ _ _ _ _ _ _ _

6. einfach _ _ ☐ _ _ _ _ _ _

Lösung: ☐s ☐ ☐ ☐ ☐ ☐

Merel springt onder de douche en rent naar de slaapkamer. Snel pakt ze haar **spijkerbroek** en haar rode bloes. Haar dure **feestjurk**, een Burberry-jurk van vijfhonderd euro, kan ze nu natuurlijk niet **aandoen**. Die blijft thuis tot vanavond.

spijkerbroek	Jeans
feestjurk	festliches Kleid
aandoen	anziehen
trui	Pullover
opzij	beiseite

Maar waar is die jurk? Met een ruk schuift Merel alle bloezen, jurkjes, rokken en **truien opzij**. De helft valt op de grond. Waar is mijn jurk? Mijn Burberry-jurk? Ze heeft hem vorige week gekocht en voor in de kast gehangen. Dat weet ze zeker. Ze schuift nog een keer alle kleren opzij. Geen Burberry-jurk. Merel zoekt in de kast met

ondergoed, ze zoekt tussen de handdoeken. Ze kijkt onder haar bed. Ze zoekt tussen de berg kleren op de stoel. Het rode minijurkje is spoorloos. In paniek overdenkt Merel alle scenario's: heeft ze de jurk misschien in de winkel naast de kassa laten liggen[i]? Of heeft ze de plastic tas met de jurk in koffieshop 'Paradox' laten staan? Dan **is** ze die jurk definitief **kwijt**! Maar nee, ze weet bijna zeker dat ze de jurk in de kast heeft gehangen. Hoewel, ze was die dag ook even bij buurvrouw Els. Heeft ze de tas bij haar laten staan? Of op straat, bij de **fiets**? De paniek is nu compleet! Vijfhonderd euro kostte die jurk! Verdwenen! Spoorloos!

ondergoed	Unterwäsche
kwijt zijn	verloren haben
fiets	Fahrrad

> Im Niederländischen stellt man das Hilfsverb (laten) vor das Hauptverb (liggen): *Merel heeft haar jurkje misschien in het café laten liggen.*

Weer gaat de telefoon. Directeur Hans.

"Merel, moet ik de computer en de beamer al voorbereiden? En hoe laat begint de modeshow?"

"Kijk op de takenlijst, Hans!", roept Merel. "Ik kom er nu aan." Ze drinkt snel een kop koffie, stopt een broodje in haar tas, springt op haar fiets en rijdt in tien minuten naar school. Het schoolplein staat al vol met ouders en kinderen. Merel wil snel de school binnengaan, maar de kinderen roepen: "Juf[i], gefeliciteerd." Ook de ouders proberen Merel te feliciteren.

> Grundschulkinder sprechen ihre Lehrer mit **juf** (Frauen) und **meester** (Männer) an. Man verwendet außerdem den Vornamen: *juf Merel* und *meester Hans.*

"Dank je wel. Dank je wel. Maar ik moet nu naar binnen, hoor. Tot zo. Hebben jullie wel aan het project gedacht? Geen merkkleding vandaag, hè!"

Oefening 3: Juiste volgorde. Bringen Sie die Wörter in die richtige Reihenfolge!

1. Els moet | de | boodschappen | door Merel | doen | laten

Els moet *de boodschappen door Merel laten doen.*

2. De directeur wil | laten | het project | organiseren | door Merel

De directeur wil ______________________.

3. Merel zal | beginnen | de modeshow | om 10 uur | laten

Merel zal ______________________.

4. Merel kan | in het café | laten | de champagne | bezorgen

Merel kan ______________________.

5. Merel wil | zich | laten | door iedereen | verwennen | vandaag

Merel wil ______________________.

"Nee, juf. Alleen mijn sportschoenen zijn van Adidas."
"Dat is goed. Maar nu moet ik snel naar binnen!"
In de hal staan de hulpouders Esther, Anna en Mark.
"Ha Merel.", zegt Esther. "Gelukkig. Daar ben je. We zoeken de limonade."
"Wat denk je van de **koelkast**?", vraagt Merel. "En schenk

koelkast	Kühlschrank

de limonade nu vast in.ⓘ Anders is die te koud voor de kinderen." "Ja commandant", zegt Anna.

"Ja, ja. Als het vandaag **misgaat**, dan is het jullie schuld." De ouders lachen. Ze kennen juf Merel.

misgaan	schiefgehen
appen	Nachrichten (per WhatsApp) schreiben
zoen	Kuss
aanwijzen	zeigen
podium	Bühne
zak	Tasche

Met de takenlijst in haar hand loopt Merel naar de aula. Daar staat collega Willem te **appen.**

"Willem, wat doe je?", roept Merel met luide stem. "De stoelen moeten nog in een cirkel. Dat is jouw taak!" Geschrokken laat Willem de mobiel uit zijn handen vallen. "En waar is Marcel?"

"Die komt wat later."

"Wat later? Dat kan niet. Hij moet foto's maken. Bel hem even op. Hij moet nú komen."

"Dat doe ik wel hoor", zegt Hans. Hij geeft Merel twee **zoenen**. "Gefeliciteerd. Niet te hard werken vandaag hè, op je verjaardag!"

"Goed idee, Hans. Hier, lees de takenlijst even door. Dan kun je alles controleren." "Geen probleem." zegt Hans.

Dan gaan de deuren van de aula open. De kinderen van groep acht komen binnen. De hulpouders **wijzen** de kinderen hun plaats in de cirkel vlakbij het **podium aan**. "Niet zo schreeuwen!", roept Merel tegen de kinderen. Hans loopt door de aula met een plastic **zak**. De kinderen moeten hun mobiele te-

ⓘ **Inschenken** ist ein trennbares Verb, wie 'binnengaan' und 'misgaan'. Wie auch im Deutschen wird das Verb in Hauptsätzen getrennt, wenn es kein Hilfsverb gibt. *Schenk de limonade nu vast in*. Vergleiche mit: *Merel wil de school binnengaan*.

lefoons **inleveren**. Dat is de gewoonte op De Zevensprong.

inleveren	abgeben
intussen	in der Zwischenzeit
mogen	dürfen
één voor één	eine/r nach der/m anderen
leuk	*hier:* hübsch
eruit zien	aussehen
leerling	Schülerin
scheur	Riss

Intussen heeft Willem de beamer in orde gemaakt. Op de powerpoint verschijnen logo's[i] van bekende merken: Frozen, Blue Seven, Mini Rodini, BillyBandit en Nike. En daaronder staat het thema van het project: 'Eén dag naar school zonder merkkleding'.
Hans staat al op het podium. "Goedemorgen jongens en meisjes", roept hij door de microfoon. "We gaan beginnen. Jullie **mogen één voor één** op het podium komen. Als bij een echte modeshow. Laat maar zien hoe mooi en **leuk** je **eruit ziet** zonder merkkleding."
Naast Hans staat Femke, een **leerling** uit de groep van Merel. Zij krijgt de microfoon want zij mag de modeshow presenteren. En ze begint meteen:
"Goedemorgen allemaal, dit is Jasmijn. Jasmijn draagt een blauwe jurk met streepjes. De jurk is gemaakt door haar oma."
Jasmijn loopt langzaam over het podium. Iedereen applaudisseert.

Pluralbildung: Substantive, die auf die Vokale -a, -o, -u, -i und -y enden, erhalten ein **'s** im Plural.

"En hier is Sem. Sem draagt een zwarte spijkerbroek met **scheuren**. Heel modern."
De kinderen roepen: "Cool! Vet! Super!"
Dan loopt Eva het podium op in een lange rok, lang tot op haar voeten.

"Dit is Eva", zegt Femke. Pats! Eva ligt op de grond. Ze is **gestruikeld** over haar lange rok. Hans helpt haar op de been en Eva loopt door.

struikelen	stolpern
juichen	jubeln

"Dit is Eva," zegt Femke opnieuw. "Ze draagt een lange rok. Die heeft ze zelf gemaakt." Eva draait twee keer in het rond en de kinderen **juichen**. En zo lopen de kinderen als echte modellen over het podium.

Oefening 4: Welk woord past er niet bij? Welches Wort passt nicht in die Reihe? Unterstreichen Sie!

1. reageren beantwoorden herinneren een mail terugsturen
2. gescheiden spoorloos verdwenen kwijt
3. leerling hulpouder vriendin lerares
4. Maak je niet druk Het is zover Je ziet wel Alles komt goed
5. verkouden griep reuma bezig
6. groot mooi leuk modern

Merel leest intussen de takenlijst door. Ze kan een aantal taken wegstrepen. En - hè hè - daar komt Marcel eindelijk binnen. Hij begint meteen foto's te maken.
"Je bent veel te laat, Marcel! We zijn allang begonnen."
"Sorry. Problemen met mijn auto."
"Ja, ja. En de brug was open. En je fiets was gestolen. En er reed geen bus. Ik ken jou! Begin maar snel. En vergeet deze

pakken	greifen
versierd	dekoriert, geschmückt
jarig zijn	Geburtstag haben

kinderen niet, hè! Die zijn al op het podium geweest."
"Ben jij de fotograaf of ik?", vraagt Marcel. "Het komt wel goed, hoor. Hier, een zoen. Voor je verjaardag. Ik kan helaas niet komen vanavond. Jammer hoor!"
Hij ook al niet, denkt Merel. Zie je wel. Er komt niemand. Ik ga het feest nu annuleren. Ze **pakt** haar mobiel en zoekt het nummer van café De Reiger.

Dan hoort ze haar naam: "Juf Merel. U moet op het podium komen." Twee leerlingen trekken haar naar voren. Ze wijzen op de **versierde** stoel op het podium. Als Merel zit, beginnen alle kinderen, ouders en collega's te zingen: "Lang zal ze leven in de gloria."ℹ Na het derde "Hieperdepiep, hoeraaaa!" roept de directeur twee leerlingen naar voren. Zij mogen Merel interviewen.
"Juf, hoe oud bent u geworden?"
"Zevenentwintig."
"Nee!! Dat kan niet. Dat zei u vorig jaar ook."
"Dat is waar. En wat denk je?", vraagt Merel lachend. "Volgend jaar zeg ik het weer. Volgende vraag graag."
"Draagt u vaak merkkleding?"

> Das bekannteste **niederländische Geburtstagslied** ist "Lang zal hij (zij/ze) leven. Lang zal hij leven. Lang zal hij leven in de gloria. In de gloria. In de gloria." Dann ruft jemand: "Hieperdepiep" und alle antworten (mit den Händen in der Luft): "Hoera!" (3x)

"Soms. Eigenlijk alleen als ik **jarig ben.**"
"Dus nu draagt u merkkleding?"
"Nee, nu niet natuurlijk want vandaag is ons project. Maar vanavond, op mijn feestje, draag ik een

heel mooie jurk. Van een duur merk."
Als ik die **stomme** jurk nog ergens vind, denkt ze.
"En mag ik júllie nu een vraag stellen? Hoe ziet meester Hans er vandaag uit?"

stom	*hier:* dumm
bekijken	betrachten, ansehen
alweer	(schon) wieder
klikken	(an)klicken
verschijnen	erscheinen
saai	langweilig

De kinderen **bekijken** meester Hans van onder tot boven. "Niet mooi", roept een kind. "Leuk. Modern", roepen andere kinderen.
Hans wijst naar zijn t-shirt. "Vijfentwintig euro bij de Hema." Dan wijst hij naar zijn broek. "Twintig euro op de markt. Dus, jullie zien het, zonder merkkleding kun je er toch leuk uitzien." De kinderen applaudisseren.

Intussen kijkt Merel **alweer** op haar takenlijst. Dan zoekt ze in de zaal naar Willem. Staat hij daar nu weer te appen? (i)

"Willem", roept Merel, "de powerpoint!"
Willem springt naar voren. Hij **klikt** op de muis. Op de beamer **verschijnen** groepen kinderen in een schooluniform van scholen in Engeland, Australië en Pakistan.
"Wat vinden jullie van die schooluniformen?", vraagt Willem. "**Saai**", roepen de kinderen.
Willem loopt met de mi-

Im Niederländischen gibt es einige Verben, die häufig mit der Präposition **te** (dt.: „zu") + **Verb im Infinitiv** verwendet werden: *Hij staat te praten. Zij zit te lezen. Wij lopen te zingen.* Die Konstruktion soll ausdrücken, auf welche Art und Weise eine Handlung ausgeführt wird bzw. dass die zwei Dinge gleichzeitig geschehen. Aber Achtung: Auf Deutsch übersetzt man häufig nur eine der beiden Handlungen, nämlich diejenige, die im Infinitiv steht (Er redet; sie liest; wir singen).

crofoon door de zaal. “Ik vind het niet leuk”, zegt Sophie door de microfoon. “Ik wil zelf weten wat ik draag.” Dan loopt Willem naar Eva. Zij vindt een schooluniform praktisch. “Dan weet ik ‘s morgens meteen wat ik moet aandoen.” Lucas heeft een ander idee: “Als alle kinderen er hetzelfde uitzien, ben je allemaal hetzelfde. En dan ben je leuk, om jezelf!”

uitnodigen	einladen
opdracht	*hier:* Übung
duur	teuer
goedkoop	billig, günstig

“Dat is waar”, zegt Willem, “dan zien we meteen wie je echt bent.

Wie ben ík eigenlijk?, denkt Merel. Ik heb 50 mensen **uitgenodigd** voor mijn feest. En straks zit ik helemaal alleen in café De Reiger.

De kinderen moeten nu samen een **opdracht** doen. Op een groot papier schrijven ze hun antwoorden op de volgende zes vragen:

Oefening 5: Vraagwoorden. Lesen Sie weiter und setzen Sie das richtige Fragewort ein!

wat (2x) | wanneer | waar | waarom (2x)

1. *Wat* vind je van schooluniformen?
2. ________ is merkkleding zo **duur**?
3. ________ is dat voor veel kinderen een probleem?
4. ________ kun je **goedkope** kleren kopen?
5. ________ draag je je feestkleren?
6. ________ draag je vandaag?

Alle antwoorden worden aan de muur opgehangen. En dan is het tijd. De school is uit. En omdat het woensdag is zijn de kinderen vanmiddag vrij.

afzegging	Absage
toch	doch
druk	geschäftig, rege
slenteren	schlendern
kraam	Stand

Merel gaat naar haar eigen klas. Ze opent haar mail. Nóg drie **afzeggingen**. Ze wil café De Reiger bellen, maar dan komen haar neef en nicht binnen, de kinderen van haar broer Joost. Merel krijgt een paar dikke zoenen. "Gefeliciteerd. Wat gaan we doen?"

"We gaan naar de Albert Cuyp.[i] We gaan patat eten. En om vier uur breng ik jullie naar de tram. Ik heb niet veel tijd."

"Ja, want vanavond is je feest, hè."

"Ja, misschien. Als er iemand komt."

"Ja hoor", zegt Rose. "Wij komen."

"Nou, **toch** twee gasten. Beter iets dan niets. Kom op, jongens[i], naar de Albert Cuyp."

> Der **Albert Cuypmarkt** in Amsterdam ist der größte und bekannteste Freiluftmarkt in den Niederlanden. Er liegt mitten in *De Pijp*, einem Viertel aus dem 19. Jahrhundert mit vielen exotischen Geschäften, Ateliers, gemütlichen Cafés und Restaurants.

Het is **druk** op de Albert Cuyp. Links en rechts **slenteren** de mensen langs de **kramen**. Merel, Rose en Rick lopen snel voorbij de kramen met verse vis. "Oh, wat stinkt dat. En kijk, die aal beweegt nog", zegt Rick. Ze lopen langs de kramen met fruit, bloemen en planten en langs de kraam met stroopwafels[i]. "Oh, jon-

> **Jongens** ist umgangssprachlich für „Kinder" oder „Leute" (männlich und weiblich).

gens, wat ruikt dat lekker, die vers gebakken stroopwafels. Maar wij gaan naar de frietenkraam."

passen	anprobieren
alleen maar	nur
tevoorschijn komen	auftauchen, zum Vorschein kommen

Dan passeren ze de kraam met kleding: t-shirts, broeken, rokken, sjaals. Merel en de kinderen zoeken tussen de berg kleren.

Die **Stroopwafel** ist eine typische niederländische Spezialität. Sie besteht aus zwei runden aufeinanderliegenden Waffeln mit einer Sirupfüllung aus Karamel in der Mitte. Auf Märkten wie dem Albert Cuyp werden sie von Straßenhändlern frisch zubereitet.

"Kijk. Wat een mooi t-shirt. En niet duur. Vijf euro", zegt Rick. En Rose probeert een sweater te **passen**. Merel zoekt tussen de sjaals.
"Kan ik jullie helpen?", vraagt de verkoper.
"Nee", zegt Merel, "we kijken **alleen maar**. Kom jongens, we gaan verder."
Ze willen doorlopen maar dan **komt** de marktkoopman van achter zijn kraam **tevoorschijn**. Hij grijpt Rose bij haar arm.
"Wat heb jij daar in je tas?"
"Niets."
"Doe die tas eens open."
"Er zit echt niks in". Rose wil snel doorlopen. Maar dan pakt de koopman haar opnieuw vast. "Open die tas." Met zijn grote handen grijpt hij de tas en opent deze (i).
"En wat is dit?", vraagt hij. Hij haalt een sjaaltje tevoorschijn.

Die Demonstrativpronomen **deze** und **die** verwendet man für Nomen mit dem Artikel 'de'. *Hij grijpt de tas en opent deze.* Man kann sie auch verwenden, um auf Leute zu verweisen. *Waar is Marcel? Oh, die komt later.*
Dit und **dat** benutzt man für Nomen mit dem Artikel 'het'. *Hij pakt het sjaaltje. Dat is in haar tas gevallen.* Auch möglich ist 'het': *Het is in haar tas gevallen.*

"Dat is in mijn tas gevallen toen[i] ik een sweater paste."

"In je tas gevallen? Geloof je het zelf?"

"Ja", zegt Merel, "Natuurlijk. Het is in haar tas gevallen. Dat kind steelt niet."

opzij kijken	zur Seite blicken
opeens	auf einmal
aan hebben	tragen
horloge	Armbanduhr
banketbakker	Konditor

"Ja ja, nou, voor deze keer geloof ik jullie. Maar als dit nog één keer gebeurt, roep ik de politie erbij."

Merel, Rose en Rick lopen snel door naar de frietenkraam. Als ze met hun grote zakken friet op een bank zitten, **kijkt** Merel **opzij** naar haar nichtje. Ze is al groot. Bijna zo groot als Merel. Is dat sjaaltje echt in de tas gevallen?, denkt ze. Ja, natuurlijk. Ik moet Rose vertrouwen. Zij steelt niet. En dan – **opeens** – denkt ze toch aan haar Burberry-jurkje.

"Rose, hoe was je schoolfeest zaterdag?"

"Cool! We hebben veel gedanst."

"Leuk hoor. Wat **had** je **aan**?"

"Oh, weet ik niet meer."

"Dat weet je niet meer? Heb je foto's gemaakt?"

"Nee", zegt Rose. "Kom. We gaan nog even naar de kraam met sokken. Ik wil rode sokjes kopen."

Merel kijkt op haar **horloge**. Het is al half vier. "Ik breng jullie naar de tram en dan ga ik snel naar huis. Ik moet nog langs de **banketbakker** en om half vijf staat Marlies bij me voor de deur. Kom. Rennen."

De banketbakker is in de Vijzelstraat, dichtbij de Albert Cuyp dus. Vorige week heeft Merel twee taarten besteld. Ze wil ze even zien, voordat ze bij café

> Nicht verwechseln! Niederländisch **toen** = Deutsch *als*; Niederländisch **als** = Deutsch *wenn*

De Reiger **bezorgd** worden. “Kom maar mee”, zegt de banketbakker. “De taarten staan klaar.” Hij wijst op twee chocoladetaarten. Met grote letters staat daarop: Merel – 53 jaar.

Oefening 6: Voornaamwoorden. Ersetzen Sie die fett gedruckten Wörter durch die angegebenen Pronomen!

die dit dat

1. Vanavond is **Merels feest**. *Dat*_____ begint om 8.00 uur.
2. "Kijk op **de takenlijst**, Hans. ________ heb ik je gisteren gestuurd."
3. Merels **Burberry-jurkje** hangt niet in de kast. Zou ________ misschien gestolen zijn?
4. "Waar is **Marcel**?" "Oh, ________ komt wat later."
5. Eva draagt **een lange rok**. ________ heeft ze zelf gemaakt.
6. **De limonade** moet uit de koelkast. Anders is ________ te koud voor de kinderen.

“Wat is dat?”, roept Merel. “53? Ik ben 35 jaar geworden!” “Wat een **stommiteit**.” De banketbakker loopt snel naar achter. “Peter, Els, wie van jullie heeft deze taarten gemaakt? Kunnen jullie niet meer lezen? Kijk op deze bestelling? Wat staat hier?”

bezorgen	liefern
stommiteit	Dummheit

“Vijfendertig”, zegt Peter. “Precies. En wat staat hier op de taart?" "Vijfend... oh nee. Wat stom van me. Ik verander het meteen. Het komt in orde hoor."

"We bezorgen de taarten voor half acht bij het café ", zegt de banketbakker. Maar Merel vertrouwt het niet meer.

leeftijd	Alter
slagroom	Schlagsahne
gezellig	gemütlich
zich omkleden	sich umziehen

"Nee. Ik blijf hier. Ik wacht tot de juiste **leeftijd** op de taart staat. Vijfendertig, en geen dag méér!"
Merel wacht een kwartier, een half uur. "Is het nu nog niet klaar?" "Nee", zegt de banketbakker, "we moeten nieuwe **slagroom** maken. Dat duurt even."
"Ik kan niet langer wachten, hoor", zegt Merel. "Ik moet naar huis. Zorg maar[i] dat het in orde komt. Jullie hebben tot half acht de tijd! Pff. Wat een service!"

Merel fietst snel naar huis. Marlies, Merels beste vriendin, staat al voor de deur.
"Gefeliciteerd. Leuke verjaardag tot nu toe?"

"Jawel. Maar dat feest vanavond, dat wordt een fiasco. Ik krijg alleen maar afzeggingen. Ik wilde nét het café bellen om te annuleren."
"Doe dat maar niet. Met een klein groepje is het ook **gezellig**. Maak je maar snel klaar. Dan gaan we uit eten. Ik weet een leuk restaurant vlakbij café De Reiger. Moet je je nog **omkleden**?"

Einige niederländische Wörter wie **maar**, **hoor** oder **even** lassen sich nicht einfach wörtlich übersetzen. Z. B. 'maar' wird oft verwendet, um den Imperativ abzumildern: *Zorg maar dat het in orde komt. Maak je maar snel klaar.* Auch oft benutzt wird die Interjektion 'hoor', um das Gesagte noch zu verstärken: *Dat doe ik wel hoor. Ga je mee? Ja hoor!* 'Even' lässt sich mit 'mal eben' übersetzen. *Bel hem even op. Ik help je even. Kom je even?*

"Ja, ik wilde mijn nieuwe jurk aandoen, maar ik kan hem niet vinden." Merel **durft** niet te **vertellen** dat het een jurk van Burberry is. En ze durft al helemaal niet te vertellen hoeveel die jurk gekost heeft. Marlies **geeft** weinig geld **uit** aan kleren.

durven	sich trauen, wagen
vertellen	erzählen
uitgeven	ausgeben
zou willen	möchte
levensgevaarlijk	lebensgefährlich
verstaan	verstehen
het hoofd schudden	den Kopf schütteln

Samen zoeken ze naar Merels feestjurk. Ze zoeken ook op het balkon. Maar na een kwartier zegt Merel: "Stop maar. Het wordt te laat. Ik doe deze broek wel aan met een bloes. We gaan."

Merel en Marlies wandelen naar café De Prins. Door de Nieuwe Leliestraat lopen ze naar de Prinsengracht. "Wat **zou** ik hier graag **willen** wonen," zegt Marlies. "Ik houd van de Jordaan[i]. Al die kleine winkeltjes en die gezellige cafés en terrassen. Heerlijk."

"Ja, leuk, maar veel te druk!", vindt Merel. "Vooral met al die toeristen. Kijk hoe ze fietsen. Midden op de weg. Het is **levensgevaarlijk**!"

"Hé, pas op!", roept ze.

"Ze **verstaan** je niet, hoor", lacht Marlies.

"Misschien niet, maar ze begrijpen me wel! Kijk maar."

Enkele geschrokken fietsers stappen af en kijken verrast om zich heen. Marlies **schudt haar hoofd**: "Maak je toch niet zo druk, Merel,

Der **Jordaan** ist ein Stadtteil im Zentrum von Amsterdam. Ursprünglich ein Viertel der Arbeiterklasse, wurden die kleinen Häuser von Familien mit oft bis zu 8 Kindern bewohnt. Heutzutage wohnen in den Häusern nur noch 1 – 2 Personen. Der Jordaan zählt zu den beliebtesten Vierteln mit seinen schmalen Kanälen, den zahlreichen Restaurants, Cafés und Läden.

je bent niet op school. Je **hoeft niet** heel Amsterdam te controleren!"
Dan ziet Merel in de verte de toren van de Westerkerk. Half zes, staat het op de klok. Nog tweeënhalf uur tot haar feest.

niet hoeven	nicht brauchen
inschenken	einschenken
toosten op	anstoßen auf

Oefening 7: Voorzetsels. Ergänzen Sie den Text mit den Präpositionen!

met (2x) langs naar ~~op~~

1. Merel werkt _op_ een basisschool.
2. Merel is al drie maanden bezig ______ de organisatie van het feest.
3. De collega's kijken nooit _____ de takenlijstjes, denkt Merel.
4. Marcel heeft alweer problemen ______ zijn auto.
5. Op de markt lopen de mensen langzaam ______ de kramen.

Bij café De Prins heeft Marlies een tafel gereserveerd. Als de glazen rosé zijn **ingeschonken**, **toosten** ze **op** Merels verjaardag. Merel legt haar mobiel op tafel. Er komt meteen een bericht binnen.
"Weer een afmelding", zegt ze. "Dit is echt verschrikkelijk. Drie maanden ben ik bezig geweest met dit feest, Marlies. Drie maanden! Ik heb die leuke uitnodiging gemaakt. Weet je nog? Daarin heb ik toch duidelijk gevraagd om een reactie. Niemand reageerde! Daarna heb ik nog twee keer een

herinnering gestuurd en zeker vijftien mensen extra gebeld. En dan zeggen ze bijna allemaal af. Op het allerlaatste moment. Ik vind het geen stijl!”
“Ja, stijlloos!”, dat vindt Marlies ook. “Iedereen heeft het veel te druk tegenwoordig met sport, hobby’s, kinderen, **noem maar op**. Nou, misschien komt er toch nog iemand”, zegt Marlies om Merel wat **op** te **vrolijken**.

noem maar op	was auch immer
opvrolijken	aufmuntern
trouwens	übrigens
muur	Wand
twijfelen	zweifeln
rekening	Rechnung

“Hoe ging **trouwens** het project op school?”
“Leuk”, antwoordt Merel, “maar wat een chaos! Niemand had het takenlijstje gelezen. Alles moest ik controleren. Weet je wat ik de volgende keer doe? Dan schrijf ik alle taken op de **muren** van de school. En als mensen dan iets vragen, dan ga ik er alleen maar naar wijzen. Kijk! Daar!”
Maar dan vertelt Merel toch over het project. Het was eigenlijk heel leuk. De kinderen hebben het goed begrepen. Zonder merkkleding kun je er ook leuk uitzien, dat vonden ze allemaal.
“Natuurlijk”, zegt Marlies.
“En ik was vanmiddag ook nog op de Albert Cuyp met Rose en Rick. Dat is een beetje traditie.”
Even **twijfelt** Merel. Zal ze aan Marlies vertellen over het sjaaltje in de tas van Rose? En dat ze even heeft gedacht dat nichtje Rose misschien haar Burberry-jurkje gestolen kon hebben? En zal ze Marlies vertellen hoe duur dat jurkje was? Maar dan wordt de koffie al gebracht. Marlies vraagt de **rekening** en betaalt. Dan wandelen de vriendinnen rond half acht naar café De Reiger voor het feest.

Oefening 8: Werkwoorden in voltooide tijd. Wie lautet das Partizip Perfekt der angegebenen Verben? Ergänzen Sie den Text mit der richtigen Form!

feliciteren ~~bellen~~ stellen struikelen vragen volgen

1. Om 7.00 uur heeft directeur Hans twee keer _gebeld_.
2. Hij heeft Merel van harte ______________.
3. Tijdens de modeshow is Eva ______________.
4. De kinderen hebben aan Merel ______________ om naar voren te komen.
5. Merel is de kinderen naar het podium ______________.
6. En daar hebben de kinderen vragen ______________ aan juf Merel.

Buiten is het **donker**. Maar ook café De Reiger ziet er donker uit. "**Dat is helemaal het toppunt.** Kijk nou! Alles is donker." Merel en Marlies proberen door het raam naar binnen te kijken. Niets te zien. "Is het café dicht? Nee toch?"

donker	dunkel
ϟ Dat is het toppunt!	Das ist doch die Höhe/der Gipfel!

Marlies belt aan. Dennis, de barkeeper, doet meteen open. "De stroom is uitgevallen", zegt hij. "Ik probeer het te repareren." Hij duikt in een kast en Merel en Marlies wachten in de donkere hal. Het duurt vijf minuten, tien minuten. Merel kijkt op haar horloge. Het is nu vijf voor acht. Nie-

Wat een ellende.	Was für ein Schlamassel.
knipperen	blinzeln
verrassing	Überraschung
in het complot zitten	an der Verschwörung beteiligt sein
versnipperen	*hier:* zerreißen
omlaag dwarrelen	herab rieseln

mand is gekomen. Zelfs Rose en Rick niet. **Wat een ellende!**
Dan gaat opeens het licht aan.
"Zo!", roept Dennis. "Het is in orde. Kom dames."
Dennis opent de houten deur naar het café. Daar springen tegelijk alle lichten aan. Merel en Marlies staan te **knipperen** met hun ogen. Het is heel stil in het café. Maar niet lang, want plotseling barst het los: "**Verrassing!** Verrassing! Hoera! Gefeliciteerd!" En dan ziet Merel dat het hele café vol mensen zit. Ze ziet Joost en de kinderen. En ze ziet Willem. En Hans. En alle andere collega's. En de hulpouders. En ze ziet Els en alle vrienden. Iedereen is er. En ze zingen 'Lang zal ze leven' voor haar. Willem speelt zelfs op zijn gitaar. En naast Merel staat Marlies heel hard te lachen.
"Jij wist het hè?", roept Merel.
"Ha, ha. Natuurlijk", zegt Marlies. "Ik **zat in het complot**."

Joost komt naar haar toe. "Lieve Merel", begint hij met luide stem. Het is meteen stil in het café. "Hartelijk gefeliciteerd met je verjaardag. Met je drieënvijftigste verjaardag."
"Vijfendértig", roept Merel.
"Ja natuurlijk", zegt Joost, "sorry. Ik heb het takenlijstje niet goed gelezen. Even controleren". Joost heeft een papier in zijn handen. Iedereen lacht. "Oh ja, hier staat het: feliciteer Merel met haar 35ste verjaardag."
Dan **versnippert** Joost het papier en hij gooit alle stukjes de lucht in. De stukjes papier **dwarrelen omlaag**.

"Lieve Merel", zegt Joost, "we toosten op een lang en gelukkig leven voor jou. Een leven zonder takenlijstjes! En een leven zonder teveel zorgen om de dag van morgen..." Joost stopt even. Alsof hij diep moet nadenken. Dan praat hij langzaam verder.

"Je hoeft echt niet alles te controleren in het leven, Merel. Weet je, het geluk komt soms vanzelf naar je toe. Net als dit verjaardagscadeautje."

Joost wenkt Rose en die komt meteen naar voren. Ze geeft Merel een pakje en een envelop. In de envelop zit een cadeaubon van 500 euro, ziet Merel. En dan opent ze het pakje. Er komt een rood minijurkje tevoorschijn. Haar Burberry-jurkje. Nu **vallen alle puzzelstukjes op hun plaats.** Wat hebben ze haar **te pakken genomen**! Ongelooflijk!

Alle puzzelstukjes vallen op hun plaats.	Alles ergibt auf einmal Sinn.
ϟ iem. te pakken nemen	jmd. veräppeln

Merel rent naar het damestoilet en binnen één minuut heeft ze zich omgekleed. Als ze terugloopt, staat iedereen al klaar met een glas champagne. Op tafel staan de twee chocoladetaarten met héél veel brandende kaarsjes.

"Dank jullie wel", roept Merel. "Dit is echt de mooiste verjaardag uit mijn hele leven."

De Tuinkamer

Ineke de Bakker

Das Bed & Breakfast von Brenda und Evelien ist eines der ältesten in der kleinen Hansestadt Zutphen. Doch es läuft schon länger nicht mehr so gut wie früher: die Gäste bleiben aus und es passieren merkwürdige Dinge. Wenn es so weiter geht, müssen sie ihr Hotel schließen. Doch Brenda und Evelien haben einen Plan ...

Brenda Molenaar ist eine fröhliche, aktive Witwe von 66 Jahren. Sie mag gutes Essen und guten Wein und liebt es, ihre Gäste zu verwöhnen.

Evelien van Zuilen, Freundin von Brenda, ist pensionierte Lehrerin. Sie ist eine gewissenhafte Gastgeberin, freundlich und neugierig.

Adriaan Molenaar, der einzige Sohn von Brenda, ist 36 Jahre alt. Er hat viele Studiengänge begonnen, aber keinen abgeschlossen, und auch seine Beziehungen dauern nicht an.

Debbie ist eine 28-jährige Tourismus-Studentin. Sie arbeitet als Praktikantin im B&B von Brenda und Evelien.

De dag begint vroeg in Bed and Breakfast *De Tuinkamer*, een van de oudste B&B's in de stad Zutphen (i). De gastvrouwen, Brenda Molenaar en Evelien van Zuilen, zijn bezig met het **ontbijt**.

"Hoeveel **broodjes** zitten er in de oven?", vraagt Brenda.

"**Een stuk of** tien", antwoordt Evelien. "Dat moet genoeg zijn, toch? Er is ook muesli met yoghurt of melk. Ik heb al koffie gezet."

tuinkamer	Gartenzimmer
ontbijt	Frühstück
broodje	Brötchen
een stuk of	circa (Schätzung der Menge)
kopje	Tasse
naar iem. knikken	jmd. zunicken

"Fijn. Dan nemen wij nu snel een **kopje**. De gasten slapen nog, denk ik. Het is zo stil." Brenda schenkt twee kopjes in en de dames nemen even de tijd om van hun kop koffie te genieten.

"Die gasten in de Lavendelkamer", zegt Brenda, "zijn dat vader en dochter? Hij lijkt me vrij oud. Ouder dan 70."

"Nee hoor", zegt Evelien, "hij is 62. Dat zag ik in zijn paspoort. En zijn vriendin of zijn vrouw is 50. Ze kennen elkaar pas een half jaar, vertelde hij me."

"Romantisch reisje dus", lacht Brenda. "Oh. Daar komen ze al aan."

"Goedemorgen. Goed geslapen?", vraagt Brenda. "Welkom aan de ontbijttafel. Drinken jullie koffie of thee?"

"Voor mij graag koffie en voor mijn vrouw thee alstublieft."

Brenda **knikt naar** Evelien. Die springt op en loopt naar de keuken. Koffie en thee is haar afdeling.

"Ik heb goed geslapen", zegt de man, "maar mijn vrouw

> (i) Die Hansestadt **Zutphen** mit rund 47.000 Einwohnern liegt im Osten der Niederlande.

had last van muggen. Midden in de nacht heb ik er drie gedood[i]. Pats!" Met zijn grote hand slaat hij tegen de muur. Zo heeft hij dat gedaan. "Er zitten nu wel vlekken op de muur, sorry."

last hebben van iets	unter etw. leiden
schoonmaken	putzen, sauber machen
stagiaire	Praktikantin
dienblad	Tablett

"Oh, geen probleem. Ik ga het meteen **schoonmaken.**"

Dat is Debbie. Ze komt de ontbijtkamer in gerend. Debbie is de nieuwe **stagiaire**. Vanaf begin juni helpt ze mee in de B&B. Ze volgt de cursus Toerisme & Recreatie. Daar leert ze dat alles snel en efficiënt moet.

> Es gibt mehrere Funktionen von **er**: Unter anderem wird es in Verbindung mit einer Zahl verwendet: *Ik heb er drie gedood. Drie muggen. 'Er' bezieht sich hier auf 'muggen'.*

Daarom vliegt Debbie de ontbijtkamer weer uit om de muur schoon te maken. Maar Evelien komt net de ontbijtkamer binnen. Met een **dienblad** vol kopjes en kannetjes koffie en thee. Het dienblad met alles erop vliegt door de kamer[i].

"Sorry", roept Debbie, "ik ruim het op."

"Wacht even, Debbie. Je gaat nu eerst die muur in de Lavendelkamer schoonmaken", roept Evelien woedend. "En daarna kom je terug om dit op te ruimen."

De twee gasten uit de Tulpenkamer zijn nu ook gearriveerd. Geschrokken kijken ze naar de koffie en thee op de grond. "Wat is er gebeurd?"

"Excuus voor de chaos", zegt Brenda. "Ga rustig zitten. Pas op! Hier ligt koffie

> In diesem Fall bezieht sich **er** in 'erop' auf das Tablett. Soll die Präposition am Anfang des Satzes stehen, verwendet man "daarop" [darauf].

op de grond." Brenda begeleidt de man en de vrouw voorzichtig naar de eettafel. De verse broodjes liggen al klaar op tafel en ook de kaas en allerlei **vleeswaren**. "Onze zelfgemaakte sinaasappelmarmelade[i] staat daar. Naast de melk en yoghurt. Eet smakelijk. De koffie en thee komen eraan."

vleeswaren	Fleisch- und Wurstwaren
intussen	inzwischen
plas	Pfütze
zuchten	seufzen, stöhnen
droog	trocken

Oefening 1: Goed of fout? Kreuzen Sie die richtige Aussage an!

1. De gastvrouwen van B&B *De Tuinkamer* heten Brenda en Evelien. ❒
2. In de Lavendelkamer verblijft een vader met zijn dochter. ❒
3. Er zijn op dit moment vier gasten in de B&B. ❒
4. Debbie werkt snel en efficiënt. ❒
5. De koffie en thee staan al op tafel. ❒
6. In de Lavendelkamer zitten vlekken op de muur. ❒

Evelien heeft **intussen** de scherven opgeruimd. Dan rent Debbie alweer de kamer in met een mop en een emmer water. Binnen vijf minuten liggen er grote **plassen** water op de grond. Debbie staat te **zuchten**. "Hoe krijg ik die vloer nu **droog**?"

Das Frühstück in einem Bed and Breakfast wird meistens mit viel Liebe von den Gastgebern (*gastheer* oder *gastvrouw*) selbst zubereitet. Generell isst man in den Niederlanden zum Frühstück gerne süß – typisch ist z. B. "hagelslag" (Schokostreusel) und "pindakaas" (Erdnussbutter). Oft kommen die Produkte (wie Käse und Honig) direkt aus der Region.

"Haal een **dweil**", fluistert Brenda geïrriteerd, "en maak die vloer nu alsjeblieft heel snel droog."

Dan ziet Brenda de gasten met hun broodjes en koffie de tuin in lopen. Ze gaan aan de houten tafel zitten met hun ontbijt. Brenda knikt naar Evelien en dan naar de tuin.

dweil	Putzlappen
folder	Prospekt, Broschüre
tegenwoordig	gegenwärtig, heutzutage

"Dat kan niet", zegt Evelien boos. "Daar liggen al mijn **folders** en de uit-agenda van Zutphen. Dat is voor het informatie-uurtje." Maar het is al te laat. De gasten hebben hun borden en kopjes op de folders en kaarten van Zutphen gezet. Ze zitten gezellig te praten en de een na de ander gaat naar binnen om koffie in te schenken.

"Wat leren jullie **tegenwoordig** op school, Debbie? Dat alles snel moet? Snel en efficiënt? Dit lijkt[i] me geen reclame, hè, voor onze Bed & Breakfast. En zijn die vlekken al van de muur in de Lavendelkamer?"

"Eerlijk gezegd niet. Ik heb teveel water gebruikt. Nu zijn het grote roze vlekken geworden. Misschien kan ik het met bleekwater proberen."

"Weet je wat jij gaat proberen, Debbie, jij gaat proberen de ontbijtkamer op te ruimen. En je probeert alles af te wassen, zonder kopjes te breken... stagiaires... pfff."

lijken und **schijnen**
'lijken' gibt eher einen „Eindruck" wieder, den etwas oder jemand macht; es sieht danach aus, ist aber keineswegs sicher. *Het lijkt te regenen* (Es sieht aus, als ob es regnet). 'schijnen' kommt dem deutschen *scheinen* am nächsten; oft drückt es etwas aus, das man von anderen gehört hat. *Het schijnt te regenen* (Es scheint zu regnen [aber man selbst sieht davon nichts]).

"Natuurlijk, Brenda. Om 11.00 uur is alles klaar. Dan ren ik even weg voor mijn **lunchafspraak** op de Houtmarkt. Is dat goed?"

lunchafspraak	Verabredung zum Mittagessen
kraan	(Wasser)Hahn
kletsnat	klitschnass
wandeling	Spaziergang

Ik zou willen[i] dat je de hele middag op de Houtmarkt blijft, denkt Brenda. Ze heeft genoeg van Debbie. Dit is niet de eerste keer dat ze chaos veroorzaakt. Vorige week vergat ze de **kraan** in de badkamer dicht te doen. Er lagen grote plassen water op de grond en de toilettassen van de gasten waren **kletsnat**. De beoordelingen in het gastenboek waren negatief natuurlijk! En het gaat al niet zo goed met de B&B, de laatste maanden. En met Debbie wordt het niet veel beter.

Wo man im Deutschen den Konjunktiv verwendet, gibt es im Niederländischen **zou/zouden + Infinitiv**. Es wird oft verwendet, um einen Wunsch auszudrücken:
Ik zou willen dat je de hele middag op de Houtmarkt blijft. Auch als Ausdruck der Höflichkeit wird es häufig verwendet:
Ik zou wel een kopje koffie willen. (Ich hätte gerne eine Tasse Kaffee.)
Zou je zin hebben om naar de film te gaan? (Hättest Du Lust, ins Kino zu gehen?)

Intussen probeert Evelien in de tuin haar folders en kaarten te redden maar de gasten zitten die al te lezen. Ze genieten van hun tweede of derde kopje koffie. Maar Evelien kan toch nog wat praktische tips geven voor een dagje Zutphen. Ze wijst de gasten op een mooie **wandeling** langs de IJssel[i]. "Die rivier was heel **be-**

IJ bzw. **ij** kommt in der niederländischen Schriftsprache häufig vor und wird (bis auf wenige Ausnahmen) als ein Buchstabe gesehen. Ein weiteres bekanntes Beispiel ist das IJsselmeer, der größte See der Niederlande.

langrijk voor de Hanzestad Zutphen. Over die rivier werden ⓘ haring, boter en vooral bier vervoerd. Wisten jullie dat er in de middeleeuwen wel 40 **bierbrouwerijen** in Zutphen waren? Het is leuk om de Stadsbrouwerij te bezoeken. Je kunt er veel soorten bier **proeven**!"

belangrijk	wichtig
bierbrouwerij	Bierbrauerei
proeven	kosten, probieren
leeszaal	Bibliothek

Oefening 2: Scheidbaare werkwoorden. Ergänzen Sie den folgenden Abschnitt mit den richtigen trennbaren Verben!

afwassen | binnenkomen | dichtdoen | ~~droogmaken~~ | inschenken | schoonmaken

1. Debbie moet terugkomen om de vloer *droog te maken*.
2. Evelien moet altijd de koffie ________________.
3. Evelien wil met een dienblad met koffie en thee de kamer ________________.
4. Debbie probeert de ontbijtkamer ________________.
5. Daarna moet Debbie de borden en kopjes ________________.
6. Debbie vergeet soms de kraan in de badkamer ________________.

Maar de gasten kunnen natuurlijk ook de Sint Walburgiskerk bezoeken en **leeszaal** De Librije. Evelien deelt nog kaarten van Zutphen uit. En dan is het ochtendprogramma voorbij.

Debbie is intussen **vertrokken** voor haar afspraak op de Houtmarkt. Ze is laat. Adriaan heeft al twee cappuccino besteld.

vertrekken	abreisen
mopperen	murren, meckern, nörgeln
gastenbeoordeling	Gästebewertung
uitgummen	ausradieren
langsgaan	vorbeigehen
verschrikkelijk	schrecklich, furchtbar

"Waar blijf je? Ik zit hier al een half uur. Weet mijn moeder dat je hier bent?"
"Nee, natuurlijk niet."
"Hoe gaat het in *De Tuinkamer*?"
"Precies zoals wij willen. Vanochtend heb ik een dienblad met koffie en thee uit Eveliens handen geslagen. De koffievlekken zitten op de muur. En daarna heb ik een waterballet veroorzaakt in de ontbijtkamer. De gasten **mopperden**. Ze zijn in de tuin gaan zitten met hun borden en koffiekopjes bovenop Eveliens folders en kaarten van Zutphen."
"Goed zo. Luister. Probeer nog dat plan met die spinnen in de badkamer. Je weet wel. En je weet hoe je de **gastenbeoordelingen** kunt veranderen, hè? Gewoon **uitgummen** en zelf iets schrijven. Als het maar negatief is."

> Achtung, falscher Freund! **Worden** ist auf Deutsch *werden*. Die einfache Vergangenheit ist **werden** (Deutsch: *wurden*). *De kamer <u>wordt</u> (wird)* ***nu*** *schoongemaakt. De kamer <u>werd</u> (wurde)* ***gisteren*** *ook schoongemaakt.*

Debbie en Adriaan barsten in lachen uit. "Vertel aan niemand over dit gesprek hè!", zegt Adriaan. "Ik **ga** morgen even bij mijn moeder **langs** in die **verschrikkelijke** Bed & Breakfast van haar." Adriaan zucht diep. "*De Tuinkamer*, pfff, die naam alleen al!"
"Ja, verschrikkelijk! Waarom niet *Brenda & Co*?", lacht Debbie.

Oefening 3: Werkwoorden. Lesen Sie weiter und setzen Sie die Verben in der Vergangenheit ein!

Het was een idee van Brenda. Tien jaar **geleden** **1.** starten _*startte*_ zij de B&B met de **erfenis** van haar **overleden** man. Niet de hele erfenis. Brenda **2.** krijgen ________________ de helft, Brenda's zoon Adriaan de andere helft. Het **3.** lijken ________________ Brenda een fantastisch plan: samen met Adriaan een B&B beginnen. Stel je voor: *B&B Moeder & Zoon,* of *B&B Brenda & Adriaan.* Vanaf het begin **4.** vinden ________________ Adriaan het een slecht idee. Hij **5.** willen ________________ nog geen cent van zijn erfenis voor de B&B gebruiken. "Nee", **6.** zeggen ________________ hij altijd, "ik blijf niet mijn hele leven in Zutphen wonen. Ik **zet** mijn geld **op de bank** en over tien jaar ga ik reizen."

Gelukkig was Evelien, een vriendin van Brenda, bereid om samen met haar de B&B te starten. En het werd een groot succes. De vier tuinkamers **waren** ieder weekend **bezet** en de gasten waren altijd zeer tevreden. Dat bleek uit de gastenbeoordelingen. Maar, ze moeten het eerlijk

geleden	vor
erfenis	Erbe
overlijden	sterben
op de bank zetten	auf die Bank bringen
gelukkig	*hier:* zum Glück
bezet zijn	besetzt sein

toegeven: de laatste tijd zijn die beoordelingen soms minder goed.

buigen	sich beugen
ongeluk	Unfall, Unglück
Wat een ellende.	Was für ein Schlamassel.
klagen	sich beschweren
dat klopt niet	das stimmt nicht
mond-tot-mondreclame	Mundpropaganda
vreemd	*hier:* seltsam, komisch
omslaan	umschlagen (ins Gegenteil)

Brenda en Evelien zitten **gebogen** over het gastenboek. De gasten zijn in hun kamers. Ze bereiden zich voor op hun dagje Zutphen.
Brenda bladert in het boek. "De beoordelingen zijn inderdaad wat minder", zegt ze. "Maar we hebben de laatste tijd natuurlijk wel een paar **ongelukjes** gehad, hè!"
"Ja, zoals laatst met die kraan in de badkamer. **Wat een ellende.**"
"Nou zeg, vreselijk! Maar de gasten **klagen** ook over het ontbijt. Hier!" Brenda leest hardop voor: "*Te weinig koffie, te harde broodjes, zure melk.* Dat **klopt** gewoon **niet**."
"Misschien zijn de gasten nu kritischer dan vroeger", moppert Evelien. "Of misschien worden wij te oud voor dit werk."
Brenda en Evelien maken zich zorgen. Gasten geven de informatie vaak aan elkaar door, via **mond-tot-mondreclame**. Maar slechte beoordelingen zijn geen reclame. Het betekent minder gasten. En minder gasten betekent het einde van de B&B.
Dan bladert Brenda nog enkele pagina's terug. "Dat is toch **vreemd**. Kijk. Tot hier zijn de gastenbeoordelingen altijd positief. En dan, in het eerste weekend in juni **slaat** het opeens **om**. *Brenda en Evelien zijn lieve gastvrouwen maar die*

ontbijtkamer is een chaos.” “Een chaos”, roept Evelien. “Bij ons is het nooit een chaos.”
“Toen wel. Dat was dat weekend met die aangebrande broodjes. Wij waren die ochtend naar dat concert in het Muziek Museum, weet je nog? Debbie zou het ontbijt verzorgen.”

geweldig	großartig
bellen	anrufen
aanbevelen	empfehlen
gedag zeggen	sich verabschieden
prachtig	wunderschön
serre	Wintergarten
(in)typen	(ein)tippen

Brenda en Evelien bladeren opnieuw het hele gastenboek door. *Prima weekend gehad. Heerlijke dagen in B&B De Tuinkamer. Brenda en Evelien zijn* ***geweldige*** *gastvrouwen.* En dan, vanaf begin juni tussen alle mooie beoordelingen door: *Jammer: te weinig broodjes. Geen handdoeken in de badkamer. Te harde bedden.*
“Ik heb me dit nooit gerealiseerd.” Brenda doet het gastenboek dicht en legt het op tafel. “Fantastische beoordelingen tot 1 juni. En dan veel slechte beoordelingen na 1 juni. Vanaf dat moment kregen we er Debbie bij. Extra hulp toch? Of juist niet?”
“Zullen we Adriaan **bellen**?”, vraagt Evelien. “Hij heeft Debbie bij ons **aanbevolen**. Ze had een mooi CV.”
“Ja, laten we dat maar doen”, zegt Brenda.

Maar dan komen de gasten de woonkamer binnen om **gedag** te **zeggen**. Brenda loopt mee naar buiten. Ze wijst naar het eind van de straat. “Jullie moeten hier naar links, en dan kom je al bij de IJssel. Daar begint die **prachtige** wandeling.” Ze staat nog even met de gasten te praten. Dan komt ze weer naar binnen.

Evelien wil intussen het gastenboek terugleggen in de hal. Maar Brenda pakt haar bij haar arm. "Kom mee", fluistert ze, "en neem dat gastenboek mee. We gaan even naar de **serre**."

Oefening 4: Welk woord past er niet bij? Welches Wort passt nicht in die Reihe? Unterstreichen Sie!

1. broodje dienblad muesli vleeswaren
2. kraan kletsnat koffievlekken plas water
3. boos geïrriteerd geschrokken woedend
4. klagen genieten mopperen ontevreden zijn
5. leeszaal stadsbrouwerij Walburgiskerk wandeling
6. onvriendelijke gastvrouwen te harde bedden aangebrande broodjes chaos in de ontbijtkamer

"Wat is er?", vraagt Evelien.

"Doe de deur dicht", fluistert Brenda. "En de ramen. Luister. Ik hoorde net iets vreemds. Die mevrouw uit de Tulpenkamer had vanochtend een beoordeling in het gastenboek geschreven. Een mooi compliment. Een half uur geleden wilde ze er nog iets bij schrijven. Wat denk je? Haar mooie compliment was verdwenen. Uitgegumd."

"Echt waar? Hoe kan dat?"

"Ja. En ze vertelde nog iets. Haar man heeft onze B&B op het internet gevonden. Op het internet! Met heel veel slechte beoordelingen. Maar onze B&B staat helemaal niet op het internet. Pak je mobiele telefoon, Evelien. Kun je onze B&B **intypen**?"

ongelooflijk	unglaublich
schandalig	skandalös
schreeuwen	schreien, rufen
boodschappen doen	einkaufen
sturen	schicken
voorlopig	vorläufig

Evelien pakt meteen haar telefoon. "Ik krijg wel 100 B&B's in beeld als ik '*Tuinkamer*' typ?"
"Typ dan '*Tuinkamer*' en 'Zutphen' en oh ja, ook B&B."
"Ja. Ik heb hem. **Ongelooflijk**. Onze B&B staat op het internet. Gaat dat vanzelf? Of doet de VVV (i) dat?"
"Ga naar de beoordelingen", roept Brenda. En dan begint Evelien te lezen:

'Wat een slechte B&B, die Tuinkamer. We komen nooit meer terug. Ontbijt van niks.' 'We arriveerden te laat. De gastvrouwen hadden de kamer al aan andere gasten gegeven. ***Schandalig****!'*

Evelien begint steeds luider voor te lezen.

'B&B De Tuinkamer. We hebben geen tuin gezien!'

Nu **schreeuwt** ze bijna. "Het is gewoon niet wáár."
"Ssst", Brenda wijst naar buiten. Daar loopt Debbie. Ze komt op de serre af. "Zeg dat ze **boodschappen** moet **doen**", fluistert Brenda.
Evelien loopt met Debbie terug het huis in en na vijf minuten komt ze terug. "Ik heb haar naar de markt **gestuurd** met een lange boodschappenlijst. Dus die zien we **voorlopig** niet terug."

De VVV (Vereniging voor Vreemdelingenverkeer) ist das Fremdenverkehrsamt, wo sich Touristen nützliche Infos zur Stadt und ihrer Reise einholen können; oftmals in Verbindung mit „kantoor" (Büro) verwendet: het **VVV-kantoor**.

Toch blijft Brenda fluisteren. "Luister Evelien. Hier klopt iets niet. Wij hebben zelf onze B&B niet op het internet gezet. Dat is punt één. Die gastenbeoordelingen op de website beginnen in de eerste week van juni. Dat is punt twee. De slechte beoordelingen in ons gastenboek starten ook begin juni. Dat is punt drie. En iemand gumt mooie beoordelingen uit. Hoe kan dit?"

verbouwing	Renovierung
kasteel	Schloss
stimuleren	anregen
hoe eerder … hoe beter	je schneller … desto besser

Het blijft lang stil in de serre. De vriendinnen staren voor zich uit. Dan fluistert Brenda iets in Eveliens oor.
"Oké", zegt Evelien. "Afgesproken. Dat doe ik."
"Doe het maar meteen", zegt Brenda, "dan verzorg ik het aperitief voor de gasten wel."

Op de markt zoekt Debbie naar de verschillende soorten kaas. Ondertussen belt ze Adriaan. "Ik kreeg nog een goed idee", zegt ze. "Wat denk je van een zwembad in de tuin? Mensen kunnen dan vanuit de sauna in het zwembad duiken. Die sauna plaatsen we toch op de plaats van de serre?"
"Weet je wat dat kost, Debbie, een zwembad? Die sauna, dat is een goed idee. Een rondje sauna is ideaal na een sporttraining. Maar een zwembad, dat wordt te duur. Die **verbouwing** van B&B naar wellnesscentrum gaat al heel veel geld kosten."
"Dat is waar. Oh ja, Adriaan, laat je morgen nog aan je moeder die advertentie zien van dat **kasteel** in Frankrijk? Zang- en schrijfweken organiseren in de Dordogne, dát is leuk voor ze. **Stimuleer** ze maar een beetje. **Hoe eerder** ze met hun B&B stoppen, **hoe beter**."
"Ja, dat zal ik doen. Maar nu nog niet. Kalm aan Debbie. Ik

heb al tien jaar geduld. Daar kan nog wel een jaartje bij."
"Oké. Ik zie je vanavond. Ik ben tegen zeven uur bij je."
"Tot straks!"

Oefening 5: Maak combinaties. Welche der folgenden Begriffe gehören zusammen? Ordnen Sie zu!

1. [*b*] boodschappen	a) krijgen
2. [ ] gedag	b) doen
3. [ ] een goed idee	c) hebben van
4. [ ] op het internet	d) zeggen
5. [ ] last	e) zijn met
6. [ ] bezig	f) zetten

In de B&B zijn de gasten teruggekeerd van hun dagje Zutphen. Ze lopen meteen door naar de tuin. Daar staat het aperitief al klaar: rode wijn, witte wijn en een kan met bruisend water. Brenda loopt de tuin in met een dienblad vol hapjes: toast met **zalm**, **komkommer** met **roomkaas**, gevulde champignons. "Heerlijk Brenda. Wat **verwen** je ons."
Het dienblad gaat een paar keer rond en dan **zijn** alle hapjes **op**. De glazen worden gevuld en ondertussen praten de gasten enthousiast door elkaar.
"Wij waren in de Librije."

zalm	Lachs
komkommer	Gurke
roomkaas	Rahmkäse
verwennen	verwöhnen
op zijn	weg/alle sein

"Oh, daar gaan wij morgen naar toe. Is het mooi?"
"Ja, fantastisch! Het is de oudste leeszaal van Nederland, uit 1650. Het was er heel stil. Wij waren de enige bezoekers. En wat bijzonder is: die boeken **zitten** allemaal **vast** met kettingen."
"Ja, ik heb het gelezen. De boeken moesten in de leeszaal gelezen worden. Bijzonder hè! Dat zouden ze tegenwoordig moeten doen. **Verplichte** leesuurtjes voor de **jeugd**. Zonder mobieltjes en iPads een uurtje lezen, maar dan ín de leeszaal."

vastzitten	*hier:* festgemacht sein
verplicht	obligatorisch, verpflichtend
jeugd	Jugend
fietsen	Fahrrad fahren
op slot zetten	abschließen
eigenaar	Besitzer
medewerkster	Mitarbeiterin

"Ha ha. Goed idee, hoor. Maar vertel! Wat hebben júllie gedaan vandaag?"
"Wij hebben langs de IJssel gewandeld. De wandeling van Brenda. En de Sint Walburgiskerk bezocht. Prachtig!"

Ondertussen is Evelien naar de Houtmarkt **gefietst**. Aan het eind van het plein ligt het VVV-kantoor. Ze **zet** haar fiets **op slot** en loopt naar binnen.
"Ha, mevrouw Van Zuilen. Hoe gaat het? Komt u nog wat folders of stadswandelingen halen?"
"Nee", antwoordt Evelien, "ik heb een andere vraag. Misschien een domme vraag. Wie zet eigenlijk een hotel of B&B op het internet?"

i Das Akzent auf **júllie** bedeutet, dass die Betonung in diesem Satz auf „ihr" liegt.

"Dat doet de **eigenaar** van de B&B zelf". De VVV-**medewerkster** lacht. "Het gebeurt niet automatisch hoor. Misschien in de toekomst."

"Maar onze B&B staat op het internet. En wij hebben hem er zelf niet op gezet."
"Dat is vreemd. Ik zal eens kijken. Kom maar even mee." De medewerkster loopt naar de computer en ze typt *B&B – De Tuinkamer – Zutphen*. En ja, daar komt een website in beeld. De VVV-medewerkster scrolt naar beneden en wijst naar het scherm.

schuin (tegenover)	schräg (gegenüber)

"Kijk. Hier staat de naam van de websitebouwer. Mark Jansen. Mark Jansen? Wacht even. Die zit ook op de Houtmarkt. Hier **schuin tegenover**. Ziet u daar die winkel met dat blauwe zonnescherm? Daar zit een webdesigner. Hij komt soms bij ons om folders op te halen. Als ik u was, zou ik daar om informatie vragen."

Evelien laat haar fiets bij de VVV staan. Ze loopt meteen door naar het webdesignkantoor. De winkel is nog open en er komt een jonge medewerker naar voren. "Kan ik u helpen?"
"Ja, graag", zegt Evelien, "ik wil mijn B&B op het internet zetten. Is dat mogelijk?"
"Natuurlijk. En hoe moet die website eruit zien?"
"Ik heb een leuke website gezien van een B&B hier in Zutphen", zegt Evelien. "*De Tuinkamer*, als ik me goed herinner."
"Dat komt me bekend voor. Volgens mij heb ik die gemaakt."
Al pratend[i] typt de jongen een paar woorden in en ja hoor, daar verschijnt B&B *De Tuinkamer*. De jongen scrolt naar beneden. "Kijk. Het klopt. Die website heb ik gemaakt.

Al pratend heißt übersetzt soviel wie „(bereits) während er spricht".

Maar ik vind het geen goed **voorbeeld**. Wat vindt u zo mooi aan deze site?"
"Ik vind de naam wel leuk", zegt Evelien.

voorbeeld	Beispiel, Vorbild
wijzen naar	zeigen auf

"Dat is waar. Maar die website van B&B *De Tuinkamer* staat tot eind van het jaar op het internet. Volgens de eigenaar, Adriaan Molenaar, komt daar een wellnesscentrum met een sauna en een fitness. Ze gaan daar outdooractiviteiten organiseren, bike city tours."
"Maar ik zie wel gastbeoordelingen staan", zegt Evelien en ze **wijst naar** het scherm.
"Ja, dat klopt. Vrij negatieve beoordelingen."
"Zeg dat wel!", zucht Evelien. "Maar laat me dan maar andere websites zien. Ik zit hier nu toch."

Oefening 6: Goed of fout? Erinnern Sie sich an den Plan, den Brenda und Evelien im Wintergarten geschmiedet haben? Was könnte Brenda Evelien ins Ohr geflüstert haben? Kreuzen Sie an!

Nadat ze Debbie vanochtend naar de markt hadden gestuurd, konden Brenda en Evelien in de serre een geheim plan bedenken. Brenda heeft Evelien een opdracht gegeven. Wat heeft ze in Eveliens oor gefluisterd?

1. "Volg Debbie naar de markt! Wat doet ze? Met wie spreekt ze?" ❒
2. "Ga naar Adriaans huis. Bespreek met hem deze vreemde situatie." ❒

3. "Ga naar het VVV-kantoor. Probeer uit te vinden wie B&B *De Tuinkamer* op het internet heeft gezet." ❐

4. "**Verstop** je in de hal. Kijk goed wie er iets in het gastenboek schrijft." ❐

In de B&B zijn de gasten na het aperitief naar hun kamers gegaan. Brenda brengt de glazen naar de keuken. Debbie is **zojuist** teruggekomen van de markt. "Ik zag Evelien nog fietsen", zegt ze.
"Ja," zegt Brenda, "ze is naar de VVV om nieuwe folders op te halen. Daar is koffie op **gemorst** vanochtend."
"Ik heb alle boodschappen opgeruimd. Zal ik nu die muur in de Lavendelkamer nog schoonmaken?"
"Nee, laat de gasten maar met rust. Ik weet niet hoe laat ze **uit eten gaan**. Kom morgenavond maar een uurtje werken. Dan zijn alle gasten vertrokken."
"Dat is goed", antwoordt Debbie. "Morgenavond om 8 uur kom ik. Dan ga ik nu naar een vriend. We werken samen aan een project. Fijne avond, Brenda."
Brenda loopt achter Debbie aan de gang in. Ze doet de buitendeur achter haar dicht. Dan loopt ze naar de hal. Daar ligt het gastenboek. Iemand heeft er nog een opmerking in geschreven. *Wat een chaos in de ontbijtkamer vandaag. Dat is geen reclame voor de B&B.*
Brenda pakt **onmiddellijk** het boek op en loopt naar de Lavendelkamer. Hebben de gasten dit nu zojuist geschreven, of niet?

verstoppen	verstecken
zojuist	gerade, soeben
morsen	kleckern
uit eten gaan	Essen gehen
onmiddellijk	sofort

"Maar nee, natuurlijk niet. We zijn heel tevreden, Brenda. Echt waar. En de gasten in de Tulpenkamer ook."

vreselijk	schrecklich, furchtbar
straks	gleich, später
lijn	Leitung (Telefon)
snappen	kapieren
zorgen	für etw. sorgen, sich kümmern
zicht	Aussicht

Brenda weet genoeg. Ze pakt haar mobiel en belt Evelien. "Evelien, ik moet je iets vertellen... het gastenboek..."
Maar Evelien begint meteen te praten:
"Ik heb **vreselijk** nieuws, Brenda. Jouw zoon Adriaan heeft onze Bed and Breakfast op het internet gezet. Verschrikkelijk! Ik vertel je **straks** meer. Ik ga even naar de apotheek en daarna kom ik naar huis."
Aan de andere kant van de **lijn** blijft het stil.
"Brenda?"
"Ja, Evelien. Luister. Het is nog veel erger. We kunnen Debbie ook niet vertrouwen. Het gastenboek... Ik vertel het je later."
"Waar is Debbie?"
"Ze is zojuist vertrokken. Naar een vriend. Om aan een project te werken. Een project! **Snap** je? Ik weet nu wel wat voor project dat is! Kun je een kopje koffie drinken bij café Old Dutch in de Beukerstraat? Je weet wel waarom. **Zorg** dat niemand je ziet."

Evelien begrijpt precies wat Brenda bedoelt. Ze gaat in café Old Dutch zitten, achter een vaas bloemen. Daar heeft ze goed **zicht** op een woning. De woning van Brenda's zoon Adriaan. Evelien drinkt haar kopje koffie en bestelt nog een tweede en een derde kopje. Ze bladert in de tijdschriften en

gluurt tussen de bloemen door naar de **overkant** van de straat. Er lopen een paar mensen voorbij. Dan ziet ze Debbie lopen. Ze stopt voor Adriaans deur en belt aan. Adriaan doet de deur open. Hij **omhelst** Debbie. Dan gaan beiden naar binnen. Evelien pakt haar mobiel en belt Brenda: "Brenda", fluistert ze, "het is waar! Ik kom nu meteen naar je toe."

gluren	spähen
overkant	gegenüber-liegende Seite
omhelzen	umarmen
pastaschotel	Nudelgericht
topoverleg	Beratung (auf höchster Ebene)

Ze rekent snel af. Dan loopt ze dicht langs de huizen naar de VVV. Ze pakt haar fiets en rijdt naar huis.

Oefening 7: Kies synoniemen. Suchen Sie die Synonyme!

1. [d] onmiddellijk
2. [ ] snappen
3. [ ] zojuist
4. [ ] negatief
5. [ ] kloppen

a) begrijpen
b) juist zijn
c) niet goed
d) meteen
e) korte tijd geleden

De gasten van de B&B zijn een uur geleden vertrokken naar restaurant IJsselpaviljoen. Volgens de website kun je er (i) Bourgondisch dineren. Dat heeft een van de gasten op het internet gelezen. Brenda heeft intussen een eenvoudige **pastaschotel** gemaakt.
"Kom", zegt ze tegen Evelien, "naar de serre. **Topoverleg**!"

in opdracht van	im Auftrag von
verdachte	Verdächtige
bezorgen	*hier:* verschaffen
gebeuren	geschehen

Brenda sluit de deur en de ramen. Dan begint Evelien meteen te vertellen. Over haar bezoek aan de VVV. En aan het webdesignkantoor. En ja, die medewerker, Mark Jansen, kende de website van *De Tuinkamer*. Hij had hem zelf gemaakt, vertelde hij, **in opdracht van** Adriaan Molenaar. Brenda zucht diep.

"Maar het ergste komt nog, Brenda. Volgens die webdesigner wordt de B&B over een jaar gesloten. Hier komt een wellnesscentrum met sauna en fitness. En met outdooractiviteiten."

Brenda slaat haar hand voor haar mond. "Verschrikkelijk!" Het blijft een paar minuten stil in de serre.

Dan vraagt Evelien voorzichtig: "Jij wilde mij ook iets vertellen, Brenda, over het gastenboek."

"Oh ja", zegt Brenda. "Ik heb nog eens goed gekeken. Die negatieve opmerkingen... het lijkt hetzelfde handschrift. Vandaag was er weer een slechte beoordeling. En de gasten wisten van niks."

> **Funktionen von er**:
> 1. als Platzhalter für das Subjekt *(es gibt)*, z. B. *Er is veel te zien* (Es gibt viel zu sehen).
> 2. er + Präposition, wenn der zu ersetzende Gegenstand vorher erwähnt wurde: *Je kunt er Bourgondisch dineren* → *In restaurant IJsselpaviljoen. Ik woon in Zutphen. Ik woon er al tien jaar.*

"Debbie?"

"Ja, Evelien. We hebben twee **verdachten** en ze heten Debbie en Adriaan. Ze willen de B&B kapot maken. Al die ongelukjes van Debbie waren geen ongelukjes. Het was de bedoeling om onze B&B een slechte naam te **bezorgen**. Ze willen dat we stoppen."

"Dit is een coup", roept Evelien. "Een revolutie! Maar dat laten wij niet **gebeuren**!"

Oefening 8: Voorzetsels. Lesen Sie weiter und ergänzen Sie den Text mit den richtigen Präpositionen!

met | in | op | vanaf | voor (2x)

Debbie heeft die volgende ochtend vrij dus Brenda en Evelien verzorgen het ontbijt. De gasten krijgen nog wat tips **1.** ______ hun bezoek aan Zutphen. Ze zouden een **tochtje** **2.** ______ de Fluisterboot kunnen maken. Met de Fluisterboot kun je historische monumenten **3.** ______ het water bekijken. En ook Museumwinkel Het Snoepje zouden de gasten moeten bezoeken. "Alsof je terug bent **4.** ______ de jaren '50". De gasten vertrekken. Er komen geen nieuwe gasten dus Evelien en Brenda hebben een vrije middag. Ze hebben eindelijk tijd **5.** ______ hun hobby's: piano spelen, zingen en schrijven. Het gastenboek ligt opgeborgen in een **kast**. De deur is **6.** ______ slot.

tochtje	Ausflug, Fahrt
kast	Schrank
ontmoeten	treffen

Rond half acht komt Debbie binnen. "Oh ja", zegt Brenda, "ik was het helemaal vergeten. Jij komt die muur in de Lavendelkamer schoonmaken. Ga maar meteen beginnen. En Debbie, vanavond komt mijn zoon. Adriaan. Je kent hem wel, geloof ik."
"Ja", zegt Debbie, "hij heeft mij bij jullie aanbevolen. We hebben elkaar een keer op een feestje **ontmoet**."ℹ

"Oh", zegt Brenda, "daar is hij al. Ik ga koffie inschenken. Misschien roep ik je straks nog even. Ik wil iets vertellen en dat is voor jou ook belangrijk."

afgelopen week	vergangene Woche
tegenvallen	enttäuschen
Het gaat allemaal achteruit.	Es wird alles schlechter.
vooroverbuigen	vorbeugen, vorlehnen
besluit	Entschluss

Adriaan zit al in de woonkamer. Evelien vertelt hem over de gasten van de **afgelopen week**. Brenda zet de koffie op tafel en ze kijkt Adriaan lang aan.
"Wat kijk je, mam", zegt Adriaan. "Is er wat?"
"Je ziet wit. Moet ik me zorgen maken?"
"Nee hoor. Het gaat prima."
Brenda gaat tegenover haar zoon zitten. Ze kijkt hem opnieuw lang aan. Dan begint ze te praten.
"Luister Adriaan. Het gaat niet zo goed met onze B&B. De laatste tijd hebben we minder gasten. De beoordelingen in het gastenboek **vallen** ook **tegen**. **Het gaat allemaal achteruit** dus. Nu hebben Evelien en ik gisteren samen alles besproken. We denken dat we voor dit werk misschien een beetje te oud zijn geworden."
Brenda zwijgt. Evelien zit **voorovergebogen**. Ze roert in haar koffie.
"Misschien is het goed om Debbie te roepen. Ons **besluit** heeft ook gevolgen voor haar."

Verben im Partizip bekommen kein **ge** vorangestellt, wenn der Infinitiv mit **ont-**, **ver-**, **be-**, **er-**, **ge-** und **her-** beginnt.
Ze hebben elkaar ontmoet. De gasten zijn vertrokken. De dag is vroeg begonnen. Ze heeft teveel water gebruikt.
Achtung: Endet der Stamm eines Verbes schon auf **-d** oder **-t**, wird keine extra Endung mehr angehängt (z. B. praten: Stamm praat → *Ik heb met haar gepraat.*)

Evelien springt op: "Ik haal haar wel even."
Debbie komt binnen en ze geeft Adriaan een hand. Ze gaat op de bank zitten, naast Evelien.
Dan begint Brenda opnieuw: "De B&B loopt dus niet goed meer. Dat vertelde ik net aan mijn zoon. We gaan misschien stoppen."
"Echt waar? Maar jullie moeten dit soort werk blijven doen hoor! Jullie zijn enorm goede gastvrouwen. Ik heb een advertentie gezien... in Frankrijk... een kasteeltje..." Debbie is opgesprongen van de bank. "Dat is iets voor jullie!"
"Ga zitten", **sist** Adriaan "en laat mijn moeder uitpraten!"

sissen	zischen, fauchen
vuurrood	feuerrot
ouderwets	altmodisch

"Die advertentie van dat kasteeltje in Frankrijk heb ik ook gezien. Die lag vanochtend op tafel. Heel interessant! Evelien en ik hebben er lang over gesproken, hè Evelien?"
"Ja, het lijkt ons heel leuk", zegt Evelien. "Dan verkopen we de B&B en kopen we een klein flatje in Zutphen. We reizen dan heen en weer tussen Frankrijk en Zutphen. Brenda kan daar zanglessen geven en ik schrijfworkshops."
"Wat gewéldig!", roept Debbie. "Cool! Super!" Ik ken wel mensen die een B&B willen kopen."
Adriaan is **vuurrood** geworden. "Mam, wanneer start de verkoop?"

"Wacht even Adriaan." Brenda kijkt haar zoon nog een keer diep in zijn ogen. "Dit was één van de ideeën van Evelien en mij. Maar we hebben gisteren lang gepraat. En we kregen een beter idee. Onze B&B is wat **ouderwets**. Teveel voor oudere mensen. We moeten de jeugd bereiken, vinden we.

Dus laten we een moderne website maken. Zo kunnen ook jonge mensen ons vinden. Op de Houtmarkt zit een webdesignkantoor. We hebben een afspraak gemaakt met Mark Jansen. Morgen gaan we naar hem toe. We laten een moderne website door hem bouwen. Maar dat is niet alles." Brenda **aarzelt** even.

aarzelen	zögern
contract	Vertrag
gooien	schmeißen
gordijn	Gardine, Vorhang

"Onze B&B moet ook sportiever worden. We laten dus de serre afbreken. Daar bouwen we een sauna. En naast de sauna komt een fitness-ruimte. Dat is leuk voor onze jonge, sportieve gasten. Evelien wil graag een zwembad in de tuin. Dat kan misschien later."
Dan draait Brenda zich om naar Debbie.
"Tja, en verder... Debbie... we hebben een onaangenaam bericht voor jou. Onze B&B wordt sportiever. We hebben dus een andere medewerker nodig. Een stagiair die de cursus Sport & Recreatie doet. Volgende week komt de nieuwe stagiair kennismaken. We zullen het **contract** met jou dus moeten beëindigen, per 1 september."

Terwijl Brenda praat, is Debbie de kamer uitgerend. Ze **gooit** de kamerdeur met een knal dicht. En dan de buitendeur. Adriaan rent naar buiten, achter Debbie aan. Evelien en Brenda staan snel op. Door de **gordijnen** gluren ze naar buiten. Debbie staat te schreeuwen, dat horen ze ook. Adriaan praat eerst zachtjes tegen Debbie, maar hij begint nu ook te schreeuwen. Het duurt vijf minuten, tien minuten. Dan springt Debbie op haar fiets en rijdt ze de straat uit. Adriaan pakt ook zijn fiets en rijdt achter Debbie aan.

Brenda en Evelien sluiten de gordijnen. De advertentie van het Franse kasteeltje ligt nog op tafel, ziet Brenda. Ze pakt hem op en gooit hem in de **prullenbak**. Evelien schenkt een glas rode wijn in voor Brenda en voor zichzelf. De dames nemen hun glas mee en wandelen naar de serre achter in de tuin. "Laat de deur maar open. Het is lekker weer", zegt Brenda.

prullenbak	Papierkorb
hoofdkwartier	Hauptquartier

Ze gaat zwijgend zitten en staart een tijdje voor zich uit. Dan begint ze plotseling te lachen. "Die website", zegt ze, "dat is misschien een goed idee. Maar verder veranderen we hier helemáál niets. *De Tuinkamer* blijft gewoon *De Tuinkamer*. En dit hier..." Brenda wijst in het rond, "dit blijft gewoon een serre! Ons **hoofdkwartier**."
"Zo is dat Brenda. Proost!"

Eindtoets
Oplossingen
Woordenlijst
Overzicht van oefeningen

Eindtoets

Oefening 1: Woordzoeker. Finden Sie 10 Verben im Gitternetz, die mit dem Thema "Dialog" zu tun haben!

g	r	u	n	i	a	f	e	v	e	a	r
b	u	i	t	l	e	g	g	e	n	v	t
h	a	a	r	z	e	l	e	n	e	r	r
u	n	j	e	e	h	i	f	e	r	a	o
i	t	h	a	g	u	m	w	a	e	g	o
j	w	x	g	g	i	l	a	c	h	e	n
a	o	w	e	e	k	a	y	o	a	n	o
e	o	f	r	n	l	c	r	k	c	f	k
v	r	r	e	u	e	h	g	l	e	r	l
d	d	a	n	h	e	e	h	i	h	e	e
f	e	e	g	r	i	n	n	i	k	e	n
k	n	i	p	o	g	e	n	o	e	r	e
u	v	i	u	l	k	u	j	o	a	d	d

Oefening 2: Kies synoniemen. Finden Sie die Synonyme!

1. ☐ aan hebben — **a)** dragen
2. ☐ inleveren — **b)** zich laten verwennen
3. ☐ zelf niets doen — **c)** afgeven
4. ☐ kwijt zijn — **d)** taak
5. ☐ opdracht — **e)** verloren hebben

Oefening 3: Juiste volgorde. **Bringen Sie die Ereignisse der Geschichte "Zonnetijd" in die richtige Reihenfolge!**

a) Amber vraagt Judith mee naar de schildercursus.

b) Amber en Judith wandelen in de regen.

c) Judith doet boodschappen in de buurtwinkel.

d) Ida laat haar huis zien.

e) Jacob gaat naast Judith op de grond zitten.

f) Judith is op een speeddate-avond.

g) Judith koopt twee appels bij Marja.

1	2	3	4	5	6	7

Oefening 4: Werkwoorden in voltooide tijd. **Wie lautet das Partizip Perfekt? Ergänzen Sie den Text mit den Verben in der richtigen Form. Mit oder ohne 'ge'?**

bezorgen | bezoeken | sturen | vertrekken

1. De gasten van Evelien en Brenda hebben Leeszaal De Librije ______________.

2. Debbie is om elf uur ______________ voor een lunchafspraak met Adriaan.

3. De negatieve gastenbeoordelingen hebben de B&B een slechte naam ______________.

4. Evelien heeft Debbie met een lange boodschappenlijst naar de markt ______________.

Oplossingen

Terug in Utrecht

Oefening 1: **1.** samen **2.** vader **3.** meisje **4.** cultuur **5.** ouders

Oefening 2: **1.** b **2.** a **3.** a **4.** b

Oefening 3: **1.** fout (Liesbeth heeft Lieke een aardige e-mail gestuurd.) **2.** goed **3.** goed **4.** fout (Jan en Vincent adopteren een baby.) **5.** fout (Matthias stelt voor om uit eten te gaan.)

Oefening 4: **1.** d **2.** a **3.** b **4.** e **5.** c

Oefening 5: **1.** heeft, had **2.** vraagt, vroeg **3.** aarzelt, aarzelde **4.** weet, wist **5.** is, was

Oefening 6: **1.** Hebben jullie al iets gevonden? **2.** Een thee voor mij, alsjeblieft. **3.** Bedankt/Dank je. **4.** Eet smakelijk!

Zonnetijd

Oefening 1: **1.** Judith kijkt naar haar glas wijn. **2.** De tijd is om! **3.** Judith kijkt om zich heen.

Oefening 2: **1.** naar **2.** aan **3.** van **4.** in **5.** aan

Oefening 3: **1.** c **2.** e **3.** d **4.** a **5.** b

Oefening 4: **1.** fout (Judith en Mike zijn alletwee bij het speeddaten.) **2.** goed **3.** goed **4.** fout (Amber geeft een cursus schilderen.) **5.** goed

Oefening 5: **1.** nooit **2.** niet **3.** nee **4.** niets **5.** geen **6.** niemand

Oefening 6: **1.** rugzak **2.** komende **3.** weilanden **4.** oktober **5.** bladeren **6.** warm

Oefening 7: **1.** wanneer **2.** waarom **3.** hoe **4.** waar **5.** wat

Geluk kun je niet plannen

Oefening 1: **1.** Über die E-mail schrieb sie: Erinnerung! **2.** Vielleicht habe ich nicht genug Torte oder Kroketten. **3.** Vielleicht habe ich zu wenig Champagner bestellt. **4.** Alles wird gut.

Oefening 2: **1.** schrijven **2.** taart **3.** collega's **4.** gefeliciteerd **5.** vertrouwen **6.** eenvoudig
Lösung: staren

Oefening 3: **1.** Els moet de boodschappen door Merel laten doen. **2.** De directeur wil het project door Merel laten organiseren. **3.** Merel zal de modeshow om 10 uur laten beginnen. **4.** Merel kan de champagne in het café laten bezorgen. **5.** Merel wil zich vandaag door iedereen laten verwennen.

Oefening 4: **1.** herinneren **2.** gescheiden **3.** vriendin **4.** Het is zover **5.** bezig **6.** groot

Oefening 5: **1.** Wat **2.** Waarom **3.** Waarom **4.** Waar **5.** Wanneer **6.** Wat

Oefening 6: **1.** Dat **2.** Die **3.** dat **4.** die **5.** Die **6.** die

Oefening 7: **1.** op **2.** met **3.** naar **4.** met **5.** langs

Oefening 8: **1.** gebeld **2.** gefeliciteerd **3.** gestruikeld **4.** gevraagd **5.** gevolgd **6.** gesteld

De Tuinkamer

Oefening 1: **1.** goed **2.** fout (In de Lavendelkamer verblijft een getrouwd stel.) **3.** goed **4.** fout (Debbie werkt niet efficiënt maar chaotisch.) **5.** fout (Evelien moet opnieuw koffie en thee maken.) **6.** goed

Oefening 2: **1.** droog te maken **2.** inschenken **3.** binnenkomen **4.** schoon te maken **5.** afwassen **6.** dicht te doen

Oefening 3: **1.** startte **2.** kreeg **3.** leek **4.** vond **5.** wilde **6.** zei

Oefening 4: **1.** dienblad **2.** koffievlekken **3.** geschrokken **4.** genieten **5.** wandeling **6.** onvriendelijke gastvrouwen

Oefening 5: **1.** b **2.** d **3.** a **4.** f **5.** c **6.** e

Oefening 6: **3.**

Oefening 7: **1.** d **2.** a **3.** e **4.** c **5.** b

Oefening 8: **1.** voor **2.** met **3.** vanaf **4.** in **5.** voor **6.** op

Eindtoets

Oefening 1: **Horizontaal:** uitleggen, aarzelen, lachen, grinniken, knipogen

Verticaal: antwoorden, reageren, zeggen, glimlachen, vragen

Oefening 2: **1.** a **2.** c **3.** b **4.** e **5.** d

Oefening 3: **1.** f **2.** a **3.** d **4.** c **5.** g **6.** e **7.** b

Oefening 4: **1.** bezocht **2.** vertrokken **3.** bezorgd **4.** gestuurd

Woordenlijst

Englisches Glossar als Gratis-Download unter www.circonverlag.de/products/sprachwelten-geluk-kun-je-niet-plannen-niederlaendisch-a1

ϟ = umgangssprachlich
pl = Plural
irr = unregelmäßig

Hinter dem Substantiv steht der bestimmte Artikel *het* oder *de*.

aan de beurt zijn *irr*	an der Reihe sein
aan hebben *irr*	tragen
aanbevelen *irr*	empfehlen
aandoen *irr*	anziehen
aangebrand	*hier:* gereizt
aanwijzen *irr*	zeigen
aardappel, de	Kartoffel
aardig	nett
aarzelen	zögern
achter de feiten aanlopen	den Ereignissen hinterherhinken
afgelopen week	vergangene Woche
afhankelijk van	abhängig von
afspreken	*hier:* sich treffen, verabreden
afzegging, de	Absage
al	schon
Alle puzzelstukjes vallen op hun plaats.	Alles ergibt auf einmal Sinn.
alleen maar	nur
alweer	(schon) wieder
appen	Nachrichten (per WhatsApp) schreiben
banketbakker, de	Konditor
bazig	herrisch
bedoelen	meinen
bedoeling, de	Absicht
behulpzaam	behilflich
bekijken *irr*	betrachten, ansehen
bel, de	Klingel
belangrijk	wichtig
beleefdheid, de	Höflichkeit
bellen	anrufen
beloven	versprechen
berichtje, het	Nachricht

besluit, het	Entschluss
betrouwbaar	zuverlässig
bevel, het	Befehl
bezet zijn *irr*	besetzt sein
bezig zijn met iets *irr*	mit etw. beschäftigt sein
bezorgen	liefern; verschaffen
bierbrouwerij, de	Bierbrauerei
binnenplaats, de	Hof
blij	froh, glücklich
bodempje, het	*hier:* Grundlage
bonken	schlagen
boodschappen doen *irr*	einkaufen
boodschappen, de *pl*	Einkäufe
bos, het	Wald
boterham, de	(Butter)brot
bovenverdieping, de	oberes Stockwerk
briefje, het	*hier:* Schein
brok, de	Kloß
broodje, het	Brötchen
bui, de	*hier:* Laune
buigen *irr*	sich beugen
bureau, het	*hier:* Schreibtisch
buurtwinkel, de	Dorfladen
capuchon, de	Kapuze
chagerijnig	grantig
contract, het	Vertrag
dagboek, het	Tagebuch
ϟ Dat is het toppunt!	Das ist doch die Höhe/der Gipfel!
Dat klopt niet.	Das stimmt nicht.
dauw, de	Tau
de schouders ophalen	mit den Schultern zucken
de tranen biggelen	die Tränen laufen
dienblad, het	Tablett
donker	dunkel
drempel, de	Türschwelle
droog	trocken
druk	geschäftig, rege
dumpen	*hier:* loswerden, abservieren
durven	sich trauen, wagen
duur	teuer
dweil, de	Putzlappen
een goed woordje voor iem. doen *irr*	ein gutes Wort für jmd. einlegen
kantoor, het	Büro, Geschäftsstelle

een streepje voor hebben bij iem. *irr*	*hier:* bei jmd. einen Stein im Brett haben
een stuk of	circa (Schätzung der Menge)
één voor één	eine/r nach der/m anderen
eenvoudig	einfach; schlicht
eigenaar, de	Besitzer
En nu is het zover.	Und jetzt ist es soweit.
er niks aan vinden *irr*	es langweilig/nicht gut finden
Er valt een stilte.	Es herrscht Schweigen.
erboven	darüber
erfenis, de	Erbe
ergens omheen kunnen *irr*	um etwas herumkommen
eruit zien *irr*	aussehen
excuses *pl*	Entschuldigung
feestjurk, de	festliches Kleid
fiets, de	Fahrrad
fietsen	Fahrrad fahren
folder, de	Prospekt, Broschüre
gast, de	*hier:* Kerl
gastenbeoordeling, de	Gästebewertung
gebeuren	geschehen, passieren
gebouw, het	Gebäude
gedag zeggen *irr*	sich verabschieden
geen enkel probleem	überhaupt kein Problem
gefeliciteerd	Glückwunsch
gehecht zijn aan *irr*	hängen an
geïrriteerd	verärgert
gek	verrückt
geleden	vor
gelijk hebben *irr*	recht haben
gelukkig	*hier:* zum Glück
gênant	peinlich
geritsel, het	Rascheln
geruststellen	beruhigen
gescheurd	zerrissen
getrouwd	verheiratet
gevat	schlagfertig
geweldig	großartig, fantastisch
gewoon	*hier:* einfach
gewoonte, de	Gewohnheit
gezellig	gemütlich
gezwets, het	Geschwätz
giechelen	kichern
glimlachen	lächeln
gluren	spähen

goedkoop	billig, günstig
gooien	schmeißen
gordijn, het	Gardine, Vorhang
grapje, het	Scherz, Witz
grappen	scherzen
grappig	witzig
grinniken	kichern
groenten *pl*	Gemüse
helemaal niet	gar nicht
herhalen	wiederholen
hert, het	Hirsch
het contact verbreken *irr*	den Kontakt abbrechen
het ergens niet mee eens zijn *irr*	mit etw. nicht einverstanden sein
Het gaat allemaal achteruit.	Es wird alles schlechter.
het hoofd schudden	den Kopf schütteln
hoe eerder ... hoe beter	je schneller ... desto besser
hoek, de	Ecke
hoewel	obwohl
hogerop komen	(beruflich) aufsteigen
honingraat, de	Honigwabe
hoofdkwartier, het	Hauptquartier
horloge, het	Armbanduhr
huisgenoot, de	Mitbewohner
hulpeloos	hilflos
humeur, het	Laune
huur, de	Miete
huwelijk, het	Ehe
iem. gek maken	jmd. verrückt machen
iem. geruststellen	jmd. beruhigen
ϟ **iem. te pakken nemen** *irr*	jmd. veräppeln
iets moois	etwas Schönes
iets snappen	etw. verstehen, kapieren
iets voor elkaar hebben *irr*	*hier:* etw. geschafft haben
in het complot zitten *irr*	an der Verschwörung beteiligt sein
in opdracht van	im Auftrag von
inleveren	abgeben
inschenken *irr*	einschenken
intussen	inzwischen
(in)typen	(ein)tippen
jaloers	eifersüchtig
jarig zijn *irr*	Geburtstag haben
jaszak, de	Jackentasche
jeugd, de	Jugend
juichen	jubeln

kast, de	Schrank
kasteel, het	Schloss
kastje, het	kleiner Schrank, Schränkchen
keel, de	Hals
keuze, de	Wahl
kip, de	Huhn
klaarleggen	bereitlegen
klaarwakker	hellwach
klagen	sich beschweren
kletsen	quatschen
kletsnat	klitschnass
kleuren	färben
klik, de	*hier:* Verbindung
klikken	(an)klicken
kloppen	stimmen, richtig sein
knipogen	zwinkern
knipperen	blinzeln
knus	gemütlich
koe	Kuh
koelkast, de	Kühlschrank
komkommer, de	Gurke
kopje, het	Tasse
kraam, de	Stand
kraan, de	(Wasser)Hahn
krat, het	Kiste
krent, de	*hier:* Geizhals
kroeg, de	Kneipe, Bar
kwaad	wütend
kwartier, het	Viertelstunde
kwijt zijn *irr*	verloren haben
lang geleden	lange her
langsgaan *irr*	vorbeigehen
lappendeken, de	Flickendecke
last hebben van iets	unter etw. leiden
lastig	schwierig
leeftijd, de	Alter
leerling, de	Schüler(in)
leeszaal, de	Bibliothek
lekker	*hier:* angenehm, schön
lente, de	Frühling
leuk	hübsch, toll
levensgevaarlijk	lebensgefährlich
liefdesslotjes *pl*	Liebesschlösser
liefkozend	liebkosend
liegen *irr*	lügen

lijn, de	Leitung (Telefon)
logeren	übernachten
luisteren	zuhören
lukken	gelingen, klappen
lunchafspraak, de	Verabredung zum Mittagessen
Maak je niet druk!	Mach dir keine Sorgen!
makkelijk	einfach
medewerker, medewerkster, de	Mitarbeiter, Mitarbeiterin
merkkleding, de	Markenkleidung
met bakken uit de hemel	kübelweise
milieu, het	Umwelt
misgaan *irr*	schiefgehen
misschien	vielleicht
mogen *irr*	dürfen
mompelen	murmeln
mond-tot-mondreclame	Mundpropaganda
mooi	schön
mopperen	murren, meckern, nörgeln
morsen	kleckern
muur, de	Wand
naar iem. knikken	jmd. zunicken
negeren	ignorieren
net	gerade; genauso
netjes	*hier:* fein
niet hoeven *irr*	nicht müssen, nicht brauchen
nieuwsgierig	neugierig
nieuwtje, het	Neuigkeit
nijdig	wütend, giftig
noem maar op	was auch immer
ϟ **nou, en**	na und
nu pas	jetzt erst
omhelzen	umarmen
omlaag dwarrelen	herab rieseln
omslaan *irr*	umschlagen (ins Gegenteil)
onderbreken	unterbrechen
ondergoed, het	Unterwäsche
ongelooflijk	unglaublich
ongeluk, het	Unfall, Unglück
ongemakkelijk	*hier:* unwohl, unbehaglich
onmiddellijk	sofort
ontbijt, het	Frühstück
ontmoeten	treffen
ontwerp, het	Entwurf
op de bank zetten	auf die Bank bringen

op slot zetten	abschließen
op zijn *irr*	weg/alle sein
opdracht, de	Übung; Auftrag
opeens	auf einmal
opgelucht	erleichtert
opgesloten	eingesperrt
opgestoken duim	Daumen hoch
opgroeien	aufwachsen
ophangen *irr*	*hier:* auflegen
oppassen	aufpassen
opvrolijken	aufmuntern
opzien tegen iets *irr*	etw. mit Schrecken entgegensehen
opzij kijken *irr*	zur Seite blicken
opzij	beiseite
ouderwets	altmodisch
overdrijven *irr*	übertreiben
overkant, de	gegenüberliegende Seite
overlijden *irr*	sterben
overuren, de	Überstunden
pakken	greifen
paraplu, de	Regenschirm
passen	anprobieren
pastaschotel, de	Nudelgericht
personeelsbeleid, het	Personalverwaltung
plas, de	Pfütze
plek, de	Ort
podium, het	Bühne
potlood, het	Bleistift
prachtig	wundervoll
pret, de	Spaß
proeven	kosten, probieren
prullenbak, de	Papierkorb
raar	komisch, merkwürdig
ree, het	Reh
rekening, de	Rechnung
ϟ **relatiemateriaal, het**	Beziehungsmaterial
roomkaas, de	Rahmkäse
rustig	ruhig
ruzie, de	Streit
saai	langweilig
sarren	ärgern
schandalig	skandalös
scheur, de	Riss
schilderen	malen
schoonmaken	putzen, sauber machen

schoot, de	Schoß
schreeuwen	schreien, rufen
schuin (tegenover)	schräg (gegenüber)
secuur	präzise, pünktlich
seizoen, het	Jahreszeit
serre, de	Wintergarten
sfeer	Stimmung
sissen	zischen, fauchen
slagroom, de	Schlagsahne
slenteren	schlendern
slim	klug, schlau, clever
slot, het	Schloss
snappen	kapieren
sollicitatiegesprek, het	Bewerbungsgespräch
spijkerbroek, de	Jeans
spijt hebben van iets *irr*	etwas bereuen
stagiair(e), de	Praktikant(in)
stamelen	stammeln
stappen	*hier:* ausgehen
staren	(an)starren
stimuleren	anregen
stom	*hier:* dumm
stommiteit, de	Dummheit
straks	gleich, später
stroef	*hier:* zäh, schwerfällig
struikelen	stolpern
studentenhuis, het	Wohngemeinschaft
sturen	schicken
sussen	beruhigen
taal, de	Sprache
taart, de	Torte
takenlijst, de	Aufgabenliste
tegenkomen *irr*	begegnen
tegensputteren	Widerstand leisten
tegenvallen *irr*	enttäuschen
tegenwoordig	gegenwärtig, heutzutage
tekening	Zeichnung
terwijl	während
tevoorschijn komen *irr*	auftauchen, zum Vorschein kommen
tijdje, het	Weile
toch	doch
tochtje, het	Ausflug, Fahrt
toosten op	anstoßen auf
topoverleg	Beratung (auf höchster Ebene)
traditiegetrouw	traditionell, traditionsgemäß

trek, de	Appetit
trillen	zittern
trouwens	übrigens
trui, de	Pullover
tuinhuis, het	Gartenhaus
tuinieren	im Garten arbeiten
tuinkamer, de	Gartenzimmer
tweeling, de	Zwillinge
twijfelen	zweifeln
ui, de	Zwiebel
uit de kast komen *irr*	sich outen
uit eten gaan *irr*	Essen gehen
uitgelaten	ausgelassen
uitgeven *irr*	ausgeben
uitgummen	ausradieren
Uit het oog, uit het hart.	Aus den Augen, aus dem Sinn.
uitnodigen	einladen
uitzoeken *irr*	*hier:* untersuchen, nachgehen
vast	*hier:* bestimmt, sicher(lich)
vastzitten *irr*	*hier:* festgemacht sein
verbaasd	überrascht
verbouwen	*hier:* anbauen
verbouwing, de	Renovierung
verdachte, de	Verdächtige(r)
verdieping, de	Stockwerk, Etage
verdrietig	traurig
vergissing, de	*hier:* Fehler
verhuizen	umziehen
verkennen	erkunden
verontwaardigd	empört
verpesten	verderben
verplicht	obligatorisch, verpflichtend
verrassing, de	Überraschung
verschijnen *irr*	erscheinen
verschrikkelijk	schrecklich, furchtbar
verse groenten	frisches Gemüse
versierd	dekoriert, geschmückt
versnipperen	*hier:* zerreißen
verspilling, de	Verschwendung
verstaan *irr*	verstehen
verstoppen	verstecken
vertellen	erzählen
vertrekken *irr*	abreisen
vervelend	bedauerlich; unangenehm
verwaterd	*hier:* eingeschlafen

verwennen	verwöhnen
verwijderen	löschen
vieren	feiern
vlakbij	in der Nähe
vleeswaren, de	Fleisch- und Wurstwaren
vlucht, de	Flug
volwassen	erwachsen
voorbeeld, het	Beispiel, Vorbild
voorlopig	vorläufig
vooroordelen *pl*	Vorurteile
vooroverbuigen *irr*	vorbeugen, vorlehnen
vos, de	Fuchs
vreemd	*hier:* komisch, merkwürdig
vreselijk	schrecklich, furchtbar
vriendschappelijk	freundschaftlich
vuurrood	feuerrot
wandelen	spazieren gehen
wandeling, de	Spaziergang
wasruimte, de	Waschraum
Wat een ellende.	Was für ein Schlamassel.
weiland, het	Weide
wellicht	vielleicht, möglicherweise
wijzen (naar)	zeigen (auf)
winkelmandje, het	Einkaufskorb
worstelen	kämpfen
zak, de	Tasche
zalm, de	Lachs
zelfs	sogar
zeuren	nörgeln
zich bemoeien	sich einmischen
zich laten verwennen	sich verwöhnen lassen
zich omkleden	sich umziehen
zich verheugen op	sich freuen auf
zich vervelen	sich langweilen
zicht, het	Aussicht
zin hebben in *irr*	Lust haben auf
zin hebben om iets te doen *irr*	Lust haben, etw. zu tun
zoen, de	Kuss
zojuist	gerade, soeben
zomaar	nur so
zonnetje, het	Sonne
zonsopkomst, de	Sonnenaufgang
zorgen	für etw. sorgen, sich kümmern
zou willen	möchte
zuchten	seufzen, stöhnen
zwaaien	winken

Overzicht van oefeningen

ISBN 978-3-8174-2157-2